AQUARIUS

AQUARIUS

AQUARIUS

AQUARIUS

Vision

一些人物，
一些視野，
一些觀點，
與一個全新的遠景！

男人這東西

周/若/鵬/

推薦序——

活過了也死過了，才寫得出愛情的模樣

文◎DRE（《指南》作者，傳奇部落客）

每個人，都自認自己是一名蚵仔麵線專家。

因為你我這一生都接觸過幾碗，碰到這個話題，隨便都能湊上幾句，裝一裝逼。這就是為什麼火箭專家那麼少，而兩性專家那麼多的原因。這種書的內容我向來不怎麼相信。他們全都以偏概全。我以偏概全地這麼覺得，直到碰上周若鵬。

寶瓶出版社的特使帶著刀前來，要我寫序的那天，我未多說二話，直接答應了，義氣是男人的包袱。並不是因為當下感覺龍體受到威脅，骨氣是男人的生命，那不過是把刀，又不是把鈔，你收起來吧。當然也是因為書好，雖然當時我根本還沒看書稿。我需要看嗎？我不用，默契是男人的天分，他們不會大老遠專程派人提著垃圾來找我的。

「請再給我一杯，一樣的，black，謝謝。」特使離開咖啡廳後，我換了個角落開始偷偷讀一讀稿子，此為風險評估之固定程序，不算俗辣。給人作序，如畫押做保，即使口頭答應，簽名之前仍得看一看，看完不高興後悔還來得及。尤其這些年門檻低，作家多如Ｘ了，我走在台北街頭，平均撞見十位兩性作家，還遇不上一條狗。所以偶爾有些作品，已不如Ｘ拉出來的一坨Ｙ。當然也有些等於的。我對這類書的期待，早已死去。

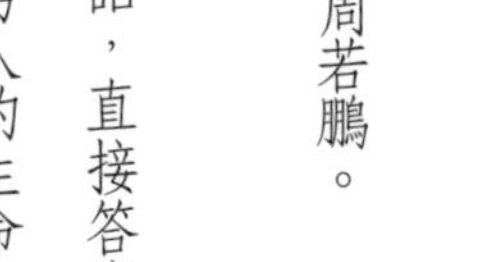

一位來自馬來西亞的詩人，能是個例外嗎？

何況這本書不只寫男人，還寫女人。他鐵定會砸鍋的。

我們的智力，想同時了解男人與女人兩種生物是何等困難的事，那是分屬兩個平行領域的學問，好比我既知天文，又通地理；既耍關刀，還繡棉襖……既懂做菜，還擅做愛。根本是不可能的。而它就在我眼前上演著。周若鵬對男女兩物種的觀察、描述，與見解，恍若盤空俯視的一架美軍UAV無人機，在那晃呀晃地，若無其事地，就高解析地記錄並分析了，包括地形、軍力布署，乃至於你內褲穿什麼顏色等不同的細節。我看他如非智力異於常人，觀察力天賦異稟，那肯定是成天沉溺於男歡女愛之中。

放下杯子，我望向天花板發呆，挺想當場飛去安慰他，如果他媽當初沒把他生成天才，他一定能成為後者。

我一嫉妒，把書稿摔了，又撿回來，一如出版社特使臨去前的預言。心疼地拍一拍書皮上的灰，幸好它不是iPad電子檔。

那些內容是經過很長的時間一點一點堆積出來的，從播種到萌芽到茁壯到開花到結果到剪枝，歷經幾個寒暑，有歲月的印記。那印記的形狀，是男人心境上的變化，與思想上的成長。活過了，也死過了，他才寫得出，愛情二字的模樣。於是我不想去摘錄和導讀，摘錄像在支解作者堆起的積木，我抽出一塊，說：「你看，這塊好。」顯得我這人很傻。而導讀，則是在汙辱你的智商，像在笑你是文盲。這不是一本童話故事，是經驗傳承……我一拍腦門兒，哎呀哇操，這書不會暢銷的，我心想。暢銷的是那種，無止盡催眠、討好，與攏絡讀者的那種，寫下一篇蠢話一篇廢話一篇屁話來安慰讀者的那種，其實整本也就一句，你是最好的，要好好愛自己的那種。而這本，太寫實。

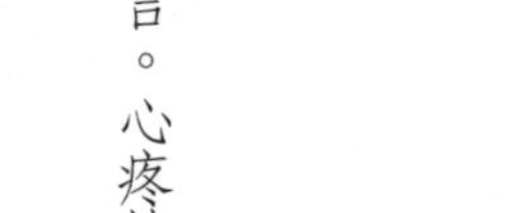

不是嗎？地球上，銷量最大的罐裝咖啡，
都是加了糖的。

目錄

目錄

目錄

PART 3 說實話怎麼活

PART 4 男人什麼東西

目錄

PART 1

愛情需要翻譯

女人總以為我在寫其他女人

所有偉大的愛情故事中，主角都一定要死翹翹，像羅密歐茱麗葉、梁山伯祝英台。因為如果他們不死，這愛情故事就要變成拍拖故事，拍拖故事很可能還會惡化成婚姻故事，那是又長又臭的百集連續劇，到最後都怨氣沖天。就算是童話，也必須在「王子公主從此幸福快樂」這個謊言便打住。為什麼呢？

因為男女主角在還沒拍拖之前，都是正常人。一拍拖，都會變怪獸。無論男人原本多細心，拍拖以後女人都會嫌他粗心大意。就算女人原本多體貼，拍拖以後男

人都會嫌她諸多挑剔。寫《男人這東西》，看似一堆男人牢騷，在對女人控訴，其實別有用心。我固然要發牢騷尋找兄弟間的共鳴，但更希望女讀者能藉此看到男人心裡在想什麼（或者根本沒想什麼），從而更知道怎麼應對。

我常常把女人寫成不可理喻的怪獸，不只女人覺得我過分，不只（有些）男人覺得我過分，連我自己（有時）也覺得過分。事實上，女人是很講理的——如果她不是你女友。一旦成為情侶，女人對男人的期待無端端提高十倍。以前你為她開車門，她就覺得你很紳士；現在要你送她整輛車，才勉強算個男人。以前你過年過節送禮，就覺得你用心體貼；現在你要二十四小時當僕人，才勉強算個人。

每個女人都覺得我寫得不對，都覺得自己是講理的。沒錯，她們對全世界七十億人口都講理，唯獨對自己的男朋友野蠻。而男人的期待基本上保持不變，不會因為成了情侶，就要求這要求那，唯一要求是希望女友不要再諸多要求，然而這是不可能的。怎麼辦？換女友也不是辦法，你看到很完美的那個女生，成為你女友以後也一樣會變成怪獸。

假設追求期間一星期見三次，男人要在那三次出盡全力當絕世完美男，是可以的。但長期相處後，女人發現男人在那另外四天裡，就只是個普通的「雄性人類」。可能最好的辦法是，你一開始就當怪獸，盡早讓女友看見你俗氣的一面，看著看著習慣了，也不會再要求些什麼。但這樣有邏輯上的矛盾，如果女人一開始就看到你不是絕世完美男，也不願意和你交往。

所以，終究沒辦法。你真要完美的愛情，學羅密歐，在適當的時候去死吧。

作夢都要我負責？

我的朋友阿茂，很怕很怕女友跟他說：「我昨晚作了一個夢。」

我們男人作夢，醒來就算了，夢見美女也好發財也罷，風過了無痕。女人作夢，會延燒到現實。她知道那只是一個夢，正常人是不會烏她的，但你不是正常人，你是她男朋友，你奉天命承受她所有無理的情緒。假設那是噩夢，她夢見被怪獸追，醒來後會怪你為什麼沒出現拯救她。你說，那是夢嘛。啊，你不是愛她的所有嗎？怎麼她的夢你就不負責了？是不是她打從心裡覺得你不可靠，所以遇險也沒讓你在夢裡出現呢？所以，是你在現實中做得不夠。

噩夢之王，是夢見你劈腿。這就不只是她的噩夢了，已經變成你現實中的噩夢，夠你三天性無能。為什麼會夢見你劈腿呢？因為沒有安全感。為什麼沒有安全感，也是因為你在現實中不踏實。如果夢裡劈腿對象面目模糊，你還算幸運，最可怕的是有型有貌。若是醜的，你怎麼連醜女也不放過？若是美的，為什麼你會覺得天底下有人比她更有吸引力？如果是現實中認識的女人，你最好自動自發盡快刪好友。

這時，你被逼為你夢中的劈腿事件道歉，你被逼承諾永遠只愛一個人。你本來就承諾過了，再說一次本來無妨，但為了一個虛無的夢被逼著說，就特感無趣，還真想劈腿一下。

就算她作的是美夢，你也不會有好日子過。她夢見買了夢寐以求的名牌包包，現實中你能如何？她夢見到歐洲旅遊，你又該如何？作這樣的夢，她的詮釋一定是因為你在現實中無法滿足她，你的標準台詞只能是「以後我一定會做到」，心底難免覺得無助無能，明知道這標準台詞是自己設下的陷阱，以後錢包就得要破幾個洞。如果她夢見男友是金城武呢？那麼整容無用了，死掉重新投胎吧！

我勸阿茂說，女人說夢，和她平常的牢騷是一樣的，就當作一般溝通，反正她就是在借題發揮，不借這個題，還是會借那個題。此外，還是有科學的辦法減少對男人的傷害，就是盡量不要在早上讓女人有機會說話，快快出門上班，因為大多數的夢都很快就會忘記。否則，你讓她有機會說一遍，就會在記憶中烙印了。

還有一招，以牙還牙，以夢還夢。她夢見買了包包，你就說啊這麼巧我也夢到買包包給你。也不必承諾什麼，因為在夢裡面已經送了。

男人，你以為自己在床上天下無敵？

我猜，我只是推測，大多數男人的床上表現，是不合格的。我沒有科學地研究，只是推測。怎麼推測呢？

任何一門技藝，都必須學習、鍛鍊。比方說學鋼琴，首先要建立理論基礎，然後不斷練習，再從老師、同儕、聽眾的回饋持續改進。來到床事，就難了。

首先，性教育失敗，老師在課堂上尷尷尬尬地匆匆帶過，理論多是從色情影片或片段文章得來，準確性、完整性、什麼性都缺。同儕回饋更難，男人聚談性事只

會打嘴炮自吹自擂，離開真相更遠。鋼琴你可以每天自練一小時，性事嘛你不容易有每天陪你練習的對象，就算有你也練不了幾分鐘。要從女伴聽得回饋，更難，這種自尊攸關的事，男人總以為自己天下無敵，不容批評，很難和女伴對話。

你並不是天下無敵。如果你有幸能聽到女人在背後怎麼批評你，你會軟掉。有一次我獨自在餐廳吃飯，鄰桌女人正好在談這件事。茱莉說自己從來沒有達到過高潮，因為男友是「一分鐘先生」。珍妮說男友的××太×××（太露骨刪掉），讓她很不舒服。大家控訴一堆，共同點是沒有一人向男友反映過，任男人繼續活在自己天下無敵的幻覺裡。珍妮已經和男友分手，原因正是×××。

性，絕對是兩性關係中極其重要的一環。既是兩人關係，萬不能只有單方面滿足。要有所進步，首先必須要有人「意識」到「需要」進步。男人應該主動先學習，因為此事大多時候的確是男人占主動位置。縱然難有「課程」教導，市面上相關書籍很多，不要依賴網上片段的資料。也必須直接和女伴坦誠對話，女人對性事難以啟齒，多因害怕傷害男人自尊，如果男人先開口，情況就不一樣了，溝通之門一打開，女人才能自在地告訴男人真實情況。畢竟是最親密的人啊！

連「一分鐘先生」，也有辦法挽救的，和鋼琴一樣，有練習的方法。就算××××，也可以××××，知道問題所在，便自有解決辦法。只要男人謙虛下來，承認自己不是天下無敵，無論是鋼琴、口琴、手風琴、大小提琴，總會學得好的。

「我需要你的時候，你不在。」

「我需要你的時候，你不在。」這大概是女人鬧分手啊發飆啊的經典名句。男人的潛台詞是：可是那次、那次和那次，我都在啊！就這次我不在，就勾銷掉全部嗎?!

是。

女人的積分系統和男人是不同的。男人的像學校考試成績，可以全年計分，最後還有一張永不磨滅的文憑。假設弟兄今天重色輕友、重財輕義，但男人會惦記過去他也曾兩肋插刀，便原諒了。如果弟兄重複再犯，分數慢慢扣，扣完了才反目。

女人的積分系統是一天制的，每天零時重新歸零。也就是說你昨天做了什麼好事，統統不在今天的考慮範圍內。她肯考慮是她的仁慈，她不考慮是她的道理。因此，要討好女友，是要每天奮鬥的。你萬不能覺得因為昨天送了花，今天上廁所忘了關門就無所謂。你送花加了一百分，但隔天就變零了，沒關門再扣個二十分，你已經成了負數二十的人渣。

女人一定不承認她們的積分系統如此離譜苛刻，你千萬不要相信！因為系統是她們祕密制定的，隨時調整也不會通知你。一天的時效僅供參考，她們可以待一週才重設為零，也可以一小時就拉倒；有時候部分分數可以結轉，有時候卻是從負數開始計分——完全看當天的荷爾蒙狀況如何。

「不會啦，我女友才不會這樣。」你說。

我只能說你申請積分卡的時候，那幾行小字你真的沒讀清楚。

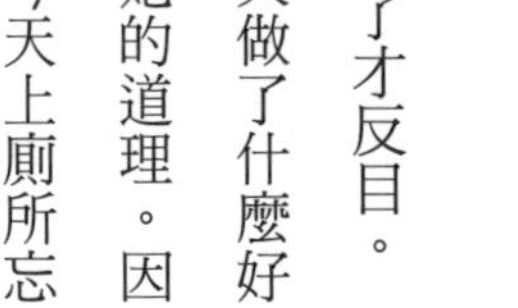

三步驟，化解世紀吵架陷阱：「吃什麼？」「隨便啦。」

男問：「吃什麼？」女答：「隨便啦。」

男人大膽說：「那就披薩。」

「不要！肥。」

「那麼吃日本料理。」

「不要，昨天才吃過。」

「那麼再去那家西餐廳。」
「哎呀太遠。」
「你又說隨便?!」
「你不耐煩是不是?!」
然後巴拉巴拉開始吵架。

這男人很不上道，他應該要體諒女人有先天的語言缺陷——她們永遠沒辦法直接表達一件事。

這裡再舉一個病徵：

男：「寶貝，你心情不好嗎？」
女：「I am fine.」
男：「那我和朋友去打球囉！」
女：「你要去就去囉……」

Fine的意思是好，但女人心裡明明就想殺人，一點都不fine。明明她是不想要男人出門的，但因為語言能力障礙，她只能說這是男人的想法，表達不出自己的心聲。「隨便啦」的例子也一樣，意思其實是：「你給我幾個建議，我來做決定。」但這句子不只太長，而且太理性了，女人處理不到，只能夠說「隨便啦」。

你會不會故意占用殘障人士的停車位？如果不會，你也不應該怪女人。作為富有同情心的男人，應該多付出耐心去瞭解她們有缺陷的語言。這翻譯和應對的功夫是要訓練的，說難不難，有三個步驟：Detection、Interpretation、Understanding（偵測、詮釋、理解）。

簡稱ＤＩＵ。

第一，Detection。比方女人說：「你從來都不買禮物給我！」你發現她說的話完全不合邏輯，就表示她病發著，腦裡的警鈴就得大聲響起，就非得在腦裡翻譯一下。

第二，Interpretation。如果按字面的意思解讀，你的反應可能是：「我上個月不是送花嗎？不是剛幫你還了卡債嗎？」那就完蛋了，因為你在講道理，死定的。女人的字典裡只有她的道理，沒有你的道理。你如果動腦筋翻譯一下，不難知道她的意思其實是：「你今天沒有買這一個我要的名牌包包給我。」

第三，Understanding。你弄懂了真正的意思，才能做出表達關心的正確反應，用哄的：「我一定會買的，寶貝，只是這個月手頭緊一點，下個月一定！我那麼疼你，對不？」

這種迂迴的說法完全乖離男人的溝通模式，但我們要尊重病人，總得配合、將就一下。把少用的直覺派上用場，不要單靠耳朵，要察言觀色，嗅到不對勁的話，就算對方口頭說沒事，請記得心裡念一遍ＤＩＵ，然後急忙補幾句好話，絕對可免百日之憂！

「你看我今天有什麼不同？」十五個找死的回答

「看不出。」

這是真話，通常惹來的抗議都是：「原來你都沒有注意我！」以及一連串麻煩的答辯和哄騙。反正都要死，死得轟轟烈烈一點吧，這樣：

1.「你昨天比較漂亮。」

2.「你昨天年輕點。」

3.「昨天比較瘦。」

4.「今天光線比較明亮？」

5.「頭髮長了〇·一公分。」

6.「今天頭髮比較亂。」

7.「指甲長了〇·一公分。」

8.「你指甲為什麼畫得那麼髒？」

9.「腳趾甲長了〇·一公分。」

10.「皺紋深了〇·一公分。」

11.「鬍鬚長了〇·一公分？」

12.「月事到了？好像有點腫。」

13.「家裡鏡子壞了嗎？」

14.「昨天你沒有問這樣的無聊問題。」

15.「昨天我們還沒有分手。」

你如果看了上一篇〈三步驟，化解世紀吵架陷阱〉，就明白DIU的概念，Detect到這種問題是需要Interpret的，不能單看字面。翻譯一下，你就會想到這根本不是個問題，她的意思只是：「快讚我美！」

這樣，你就能非常Understanding地回答：「一時看不出來，不知道為什麼整個人清秀了些。」

然後，摸著下巴假裝端詳思考：「嗯，哪裡不同了呢？」其實在想其他出路。最終能看出變化最好，就算不行，至少你稱讚了她，過後什麼都好辦。最後答案一定會揭曉，不管是什麼你都說：「噢，這個很適合你的臉型／體型／手型／腳型。」你就可免受刑。如果覺得非常對不起良心說不出口，真的什麼型都對不上，就說：「這個很適合你的個性。」

然後，盡快謀殺掉這個話題，最佳辦法就是：「這麼好看，一定要自拍留念。」

打開相機，啟動她的自戀模式，就懶得理你了。

男人不敢告訴女友的事

- 遠遊時，最想念家裡的，是車。
- 其實胖了。
- 你在我心裡是最美的，但眼裡不是。
- 我昨晚夢見林志玲（或任何雌性生物）。
- 這件衣服和那件衣服，其實沒差。
- 我說這件衣服比較好看，是因為比較便宜。

- 穿什麼都一樣，反正總是要脫的。
- 面膜很好笑。
- 你的朋友其實沒說（做）錯。
- 我的生日願望是你可以連續三十分鐘不說話。
- 我早睡早起不是因為努力，而是因為你遲睡遲起（這樣就少聽你說話一些）。
- 一見鍾情，是因為還沒看第二眼。
- 身材其實很重要。
- 我其實有錢，就是不想買給你。
- 你以身相許不是報答，是報仇。

這不叫邋遢

我不認為我邋遢，雖然有人認為我邋遢。

大學時期，曾經三個月不換床單。其實我每天都有用身體檢查它一下，也就是睡覺的時候，沒有臭味，第二天皮膚也沒問題，那又何必費工夫換床單？連床單都不換的人，當然也不會在晨起後收拾床鋪，反正晚上還是要亂的，何必？當年，廁所半年未洗，但不是不注重衛生，我還是有添加自動清潔劑。半年後健康好好的，我用身心證明了廁所是不用洗的。

床鋪不收拾、廁所不洗的人，自然也不會熨衣服。剛到美國獨自生活時，我買了熨斗，只用了幾次，發現無論衣服多平滑，人也不會帥起來，也沒有女生會留意，就乾脆省了熨衣的功夫，多些時間打電動遊戲。反正我有的是豐厚的內涵，女生看不出來是她們的損失。連衣服都不熨的人，也不會太在意出門梳頭不梳頭。頭髮是我的，不為誰梳。不梳頭的人，當然也不太在意理髮不理髮。我老覺得特地去理髮是很費功夫的事，總要等到頭髮刺到眼睛，又剛好路過理髮店時，才甘願修一修。

我不認為那是邋遢，那只是我的生活方式，而且是高效的，節省了多餘的清潔動作，還有金錢，多出的時間做重要或者快樂的事情，比如讀書，或是打電動。最近聽說某女生控訴男伴邋遢，脫了褲子就任它留在原地，下次要穿就站在褲子上往上一拉。啊！那是我小時候就發現的絕招，後來因為媽媽罵我才被逼把褲子掛起來，心裡還是不贊同的，我的做法最方便。我有個同事還把這效率發揮到極致，牛仔褲一年不洗，這又稍微超越了我的極限，問他為什麼，理由是：沒有臭啊！鞋子破了，還能穿就穿。內褲破了，不穿沒關係，反正看不到。

但這位同事還是比我愛乾淨的，比方說我可以兩天不洗澡，他不行。當然，在正常日子我是天天洗澡的。偶爾飲酒夜歸累不堪言，當務之急自是睡覺，洗澡刷牙這些瑣事，少做一天半天無傷大雅。雖說我洗澡只花三分鐘，沾到水就算乾淨了。女人洗澡好久，效率好低，不過是在城市裡走了一趟，又不是打仗回來。連洗澡都有彈性的人，刷牙當然也能彈性處理，有時洗手間不順路就可以省略，反正每六個月本來就要見見牙醫。

說到洗手間，座圈掀起才小解，還是應該的，不過也不是為了方便女人，只是瞄準真的很困難。座圈放下，目標範圍縮小，更易射偏，弄髒很麻煩，要洗。可見我不是不愛乾淨的，只是準繩和很多人，尤其女人，不一樣。碰到和女人一起生活的情況，就要互相遷就了。主要是我遷就女人龜毛，女人不是遷就，比較像包容我這原始人。

男人畢竟是人，肯定是比狗狗高級的生物。狗狗可以訓練，男人當然也可以。我的褲子沒有再亂丟，就是媽媽訓練出來的。狗狗做錯事時打罵是沒用的，因為狗狗其實聽不明白，你要在牠做對時餵牠狗糧。那麼為什麼男人做錯事只會惹罵惹嫌，做對了卻沒有獎賞？男人比狗狗強，我聽得懂女人罵我，因為害怕，所以戰戰

兢兢地服從。如果我做對的時候也有獎賞，那我更有動力改變。獎賞未必是狗糧，一句「謝謝」、「你好帥」也很中聽。女伴後來也把我訓練得文明起來，用罵的，我現在出席正式場合時比較體面一點，但她不在的時候我又會變成原始人，我懷疑那是男人最原本的狀態——

那個最高效的狀態！這不是邋遢。

為什麼男人不說心事？

個案一

小梅見阿明眉頭深鎖。「你有心事嗎？」

阿明很明智。「沒有。」

小梅很堅持。「你告訴我吧！兩個人在一起，就要彼此分憂。」

阿明不是不明智，只是被煩得沒法子。「噢，這個月開銷大了點。」

「為什麼？」

阿明差一點想說理由，但緊急收口：「還沒有查銀行紀錄。」可是已經太遲了，小梅問：「是因為情人節禮物和晚餐嗎?!你在控訴我花你太多錢嗎？」

下場是阿明道歉，賺不夠錢，顯然是他的錯。

個案二

小梅見阿明眉頭深鎖。「你有心事嗎？」

阿明很明智。「沒有。」

小梅很堅持。「你告訴我吧！兩個人在一起，就要彼此分憂。」

阿明說：「我的好朋友阿強，死了。」

小梅安慰阿明：「啊節哀順變，傷心會過去的。我想起我家的狗狗小花死的時候，我也是很難過。我也很想念小花，以前我回家的時候牠會巴拉巴拉巴拉……」

小梅說著說著哭了，下場是阿明倒過來安慰小梅。

故事教訓你……

女人的感受是感受，男人的感受是自作自受。這是千古不變的真理：男人有情緒有心事，是不可能向女伴傾訴的，她們只會把問題無限放大。男人有淚，往肚裡流就好，你膽敢對女伴傾訴，包你還要流血。

可是啊，她們卻真心地以為自己能為你分憂。如果你不小心說漏了嘴，或者神色出賣了你的心事，她追問起來，怎麼辦？

說謊，一定要說謊。盡可能找個完全不會牽扯到她的藉口，我建議說工作壓力，比如老闆無理取鬧罵了你。就算她還是能把自己的事扯進來，畢竟還是公事，沒有參雜太多私人情感，還不太難處理。

這就是為什麼男人有心事要找兄弟喝酒。男人之間，清醒時也很難談心事的，因為不喜歡示弱的感覺。喝了酒後，戒心放下，才能暢所欲言，互相取暖。

讀到這篇文章的女人，如果真希望男人能對你說心事，請你學習當個忠誠的聆聽者，不要批判不要發飆，就像你對你的閨密那樣。

不過，兄弟們注意，假設有一天你女朋友對你說：「你有什麼心事，可以告訴

我。我讀過周若鵬的文章，知道應該做個忠誠的聆聽者就好，不會無理取鬧的。」

你—打—死—也—不—要—相—信！

為什麼女人愛發牢騷？

我試過在短短五分鐘內，把某大嬸的牢騷都記錄下來。她說她的，我假裝聽，其實在做筆記。五分鐘內，她說天氣太熱、日子太閒、時間太快、老公太忙、孩子不念家、媳婦愛花錢、車子太小、房子太大、超市太遠、東西太貴、鄰居太吵。專業的脫口秀，能設計到每二十秒一個笑點，女人發牢騷不用設計。

男人最怕女人發牢騷，因為我們是解決問題的動物，你看工程師、程式編寫員多是男人就知道了。第一個牢騷丟過來，我們的腦子開始轉動，如何為女人解決問

題，誰知緊接著就丟來第二三四個，我們處理不及，腦筋短路，心情於是煩躁起來，女人便以為我們不耐煩（是不耐煩沒錯，但不是因為不關心）。到我們來得及想到應對牢騷一號的方案，女人卻輕易推翻，繼續說牢騷五六七號，我們覺得自己沒用，再想替代方案，或是繼續嘗試在腦裡處理牢騷二號。可是啊男人是不善於同時處理多項任務的，結果牢騷八九十號完全沒聽進去，女人最後埋怨男人不聽她說話，我們又更覺挫敗了。

這情況是可以輕易避免的。首先，先說明我不認為女人特愛發牢騷，其實男人也一樣，只是內容不同。男人發運動、政治、工作的牢騷，範圍沒有女人廣泛而已。況且，女人天生多話，所以感覺上發的牢騷特別多，按內容比例來看，我相信男女同樣愛發牢騷。人生不如意事十常八九嘛，不發發牢騷怎麼過日子？

差別在於，男人是解決問題的動物，能說出來的事情通常就會期待聽到應對方案，就算事不關己或能力不及。比如我說反對黨敗選，朋友就會開始分析前因後果，說反對黨以後該如何如何，我會靜靜地聽，然後提出我的意見。女人不是這樣操作的，她們只是要說說發洩，並不是要解決些什麼。

知道了這種男女不同，先和女伴溝通清楚。面對女人發牢騷時，直接問她：你只是要我聽，還是要我幫忙解決問題？如果對方只是要說話，那專心（或假裝專心）聽就好，嗯噢啊地認同，不必傷腦筋。女人的牢騷像雨天，你怎麼可能「解決」雨天呢？衝出去只有淋成落湯雞罷了，就躲在屋簷下，靜待雨停吧！如果她需要意見，你才啟動解決問題模式，發揮你男人的本領。

請別打斷我發呆

女人很喜歡問：「你在想什麼？」

這是對隱私權的終極侵犯。占據我的日程表、占據我的車廂都算了，連我的腦袋也要侵占。我想什麼是我自己的事，連這個也要報備嗎？但問題是——我其實沒在想什麼。

我在發呆。

發呆和作白日夢不太一樣，後者是有假想的情境，比方說我發達後會如何如何，而發呆是腦子一片空白，偶爾會飄過幾片浮雲，都是沒有脈絡可循的。《男人來自火星，女人來自金星》的作者約翰．葛瑞和神父馬克．甘果（Mark Gungor），不約而同都提出男人需要發呆的理論，好像這本來就內建在基因裡。原始人打獵生死搏鬥後，回到山洞對著火堆發呆，現代男人回到家對電視發愣，都異曲同工。

而女人的腦子是無時無刻都在運轉的，完全無法理解男人何以能發呆。所以，當男人回答：「我沒在想什麼。」女人就開始懷疑我們隱瞞著什麼祕密，繼續追問，我們逼不得已只好隨便講一件事，結果看起來更像說謊，可能就開始吵架了。真冤枉啊！

況且，女人這麼一問，就打斷了男人發呆，這就像故意吵醒睡到一半的人，問：「你在夢什麼？」還有什麼比這更不可理喻的？

為什麼男人需要發呆？我猜想是這樣的：《聖經》說上帝是先做好男人，那是「人類一．〇」。之後才做出女人，那就是二．〇了，是升級版，比較先進，故此腦的容量比較大，能裝更多垃圾。我們的腦很容易就裝滿，發呆就是清空記憶體的過程。

就請女人讓我們靜靜發呆一下吧！別吵我。不清空一下腦子，又怎有空間接收你新的垃圾？

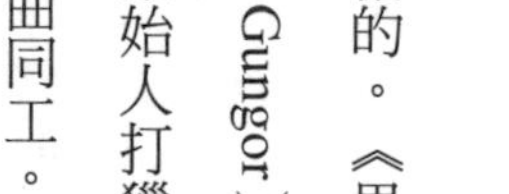

為什麼好男不與女鬥？

很小就聽爸爸教誨：好男不與女鬥。當時我以為這是紳士風度，後來才明白純屬自保，不打必敗的仗。孫子云：多算勝，少算不勝，而況於無算乎！和女相鬥，我們男人零勝算。

說鬥，並不是鬥力，但就算是鬥力，男人還是輸家。比如男女打架，體力天生懸殊，男人不只沒有紳士風度，還必惹千夫所指，輸得更慘。就算不是打架，是打球，男人贏是必然，輸了遭人恥笑罷了。所以值得探討的是鬥嘴，男人敢和女人鬥智，包死。

鬥嘴時，女人懂得動用的資源（或是爛招）比男人多出太多。男人的吵架方法，不外乎兩招：講道理和亂發飆。

先說第一招，女人對道理的詮釋和邏輯，比男人靈活太多。如果你還沒看過神父馬克．甘果的脫口秀片段「A Tale of Two Brains」，建議你去看看，非常好笑。他說男人的腦是箱子建構的，每個箱子只裝一樣東西，裝工作的就只有工作，裝高爾夫球的就只有高爾夫球。女人則不然，她們的腦是網路，每件事都和每件事有關。

男：你為什麼沒通知我，就刷附卡買貴包？

女：你沒時間陪我，沒機會講。（買包連結至男友太忙。）

男：難道不能傳個簡訊？（還卡在沒有通知這個箱子。）

女：你送你的前女友瑪麗就可以，我買個爛包，就當我像個犯人審問！（已經連結到前女友，接下來男人說什麼都死。）

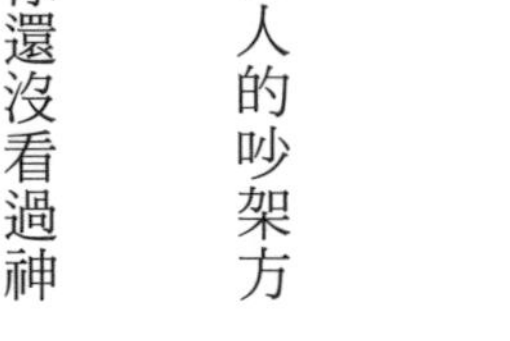

再看一例：

女：你為什麼幫瑪麗的照片按讚？

男：滑臉書隨手按的。

女：又不見你隨手按到我的照片，吸引不到你是不是？（已經連結到兩女相較。）

男：當然不是，臉書動態也許沒有出現。（還周旋在按讚的箱子。）

女：我去買那比瑪麗的更貴的包，拍照時你就一定留意到了。（從按讚連結到買包了，男人說不，就必死。）

試問你男人一個箱子的道理和資料，怎樣跟互聯全球的整個谷歌抗衡？這時候按捺不住的男人就要發飆了，大概沒有比這更不智的招數了吧？男人發飆，女人也唯有跟著發飆，而女人發飆的功力可是青史留名的——

當年連長城也讓孟姜女哭倒啊！敢對女人發飆？男人你等著被活埋吧！

啊！女人不可理喻！

以下都是真人真事。

女人駕男友的車，撞了，鬧分手，是女的喊分手。理由呢？男人買車險時，沒有要求保障第三方駕駛者，所以女的覺得男人不重視她的存在。

另一個故事，女人鬧分手，因為男人在臉書上「讚」了另一漂亮女生的照片。

還有，某女鬧脾氣，因為男友透露曾經看色情影片、自慰，所以算是不忠。

男人：天啊！我做錯了什麼？（卻又非認錯不可。）

更新車險、讚照片和自慰都是男人不經大腦的事情。誰會去注意車險的細節？還不是代理說了算？在臉書上按讚，又不是什麼大不了，自慰也是生理常事。但男人這麼想就錯了（其實沒錯，不過在女人的觀點就是錯了）。

女人的腦筋構造像蜘蛛網，每一個環節都互相關聯。假設你不小心跌倒，那是因為你不專心，可能因為你想著其他事情，所謂其他事情就是你沒想著她，所以你花心，所以要分手，所以你錯。又比如老闆叫你加班，你加班了，所以工作比她重要，所以要分手。又比方你吃披薩，表示你不注重體重，不注重儀表，不注重她的面子，不注重她的感受，分手吧。又比方你捐錢給孤兒院，那也可能表示你不注重個人財務，不注重她的未來，分手吧。

這種關聯能力遠遠超越男人想像，避無可避。你再小心翼翼，還是會踩上地雷。怎麼辦呢？重點不在於避開地雷，而在怎樣在踩到必然會踩到的地雷、炸掉一條腿以後，強忍男人之痛，不要踩第二顆地雷，炸掉另一條腿。這項修練功夫就是，適時按捺男性本能的尊嚴，表面地認錯。女人並非完全沒有大腦，發飆時其實還有幾分理性，她知道自己無理取鬧，志在測試男人的反應，多少也預期了男人會強烈反彈。如果你反彈，也就掉入陷阱，萬劫不復。

這時候，你就屈就一下，承認自己粗心，哄哄她。這不也是情趣所在嗎？女人在此過程中得到你的肯定，很快就雨過天晴。可是她在心底原諒你以後不會立刻形諸於色，還是很生氣的樣子，那是第二關考試，這時你萬勿氣餒，加把勁裝內疚裝可憐，很快就沒事。

這對男人來說是很困難的事，因為其實無論怎麼願意去哄，打從心底我們知道自己沒錯！我聽過至理名言：道歉不代表你錯，而是你在乎彼此的關係。如果男人你還在乎，認賤吧！

珍貴不珍貴？

「如果我要求什麼東西，都得說出來，豈不顯得我不夠珍貴？那太沒意思了！」阿蓮說。

我瞪圓眼睛看著她，想像希拉蕊當上美國總統後，和中國總理李克強談判。

李克強：「這個貿易條件貴國不同意，那麼你要求什麼？」

希拉蕊：「如果你重視我們的關係，應該會注意到我的需求！」

李克強：「當然重視，貴國是重要的貿易夥伴。你說出來，我們盡可能達成協議。」

希拉蕊：「說出來，就沒意思了！」

李克強抓頭，希拉蕊愈來愈不悅。「既然你沒表示，我走了！」

李克強：「呃，你要的是出入口免稅嗎？」

希拉蕊開始飲泣，李克強連忙加：「加上貸款利息調低？貴國要求什麼，請你說吧！」

希拉蕊劈頭一句：「如果都得明說，豈不顯得我不夠珍貴?!」然後起身離開。

李克強呆呆地看著身邊的部長們，說：「美國的新總統實在深不可測呀！為免出差錯，我們一切保持原狀好了。」

所以，一切就保持原狀，什麼都沒改進。

「喂！我在問你呀！」阿蓮高聲質問。

我回過神來，慌忙搭話：「對對對，你不珍貴，一點都不珍貴。」

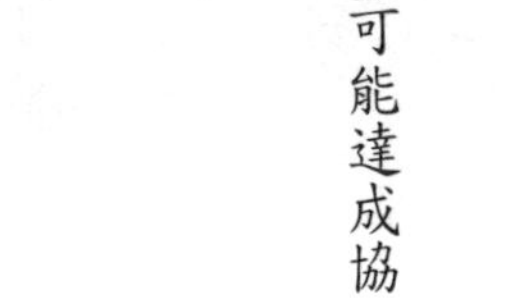

人狼是這樣來的

人狼從哪裡來？我想我知道了。

很久很久以前，可能接近原始時代吧，一個原始男人交了個溫順的女友，男人打獵，女人顧山洞。男人回來了，女人就負責煮食，然後有說有笑的，幸福甜蜜。

有一天，兩人一起吃烤恐龍肉時，男人說：「今天這隻好胖啊！插了好多刀才死。」

女人笑呵呵。「是嗎？辛苦你了！」

男人開玩笑說：「你別吃太多，不然胖得像那恐龍就不好了。」

女人突然臉色大變，先是流淚，然後目露凶光，大吼一聲：「啊啊啊！」

女人拿起燃著火的柴枝往男人丟，男人慌忙閃避，驚問：「你怎麼了？你怎麼了？」

柴枝落地，草地起火，女人還是繼續在拋，連儲備的糧食都燒起來了也不停手。柴枝拋完了，她拿起獵刀追砍男人。這可是力搏恐龍的壯男啊！但還是被女人的狠勁嚇得左右亂竄，邊跑邊問：「什麼事?!什麼事?!」

「你做了什麼，自己不知道嗎?!」咻咻咻三刀掠過。

「什麼事?!什麼事?!」

「啊啊啊！」咻咻咻又三刀。

男人發足奔離，總算逃開了。他無家可歸，去找老友阿佬。他對阿佬說：「我家女人不知什麼事，瘋了。像……像……」

阿佬說：「像狼，對吧？」（因為原始時代女人不剃毛。）

男人說：「對對對！你怎知道？」

阿佬把身上的虎皮扯下來，展示幾條長長的刀疤。「這條是上兩個月砍的，這

條是前天……」

「怎麼會這樣?!」

阿佬指指天上的月亮，說：「就是這樣的。總之你記得現在月亮的形狀，下次看到月亮這個樣子時，你就話少說一點，過來我這裡睡也行。隔天你回去，大概就沒事了。」

男人只好點頭，翌日回家，女人果然回復溫順女友的原狀。後來他逢人就說女人變狼的事情，發現所有弟兄都面對過。一傳十十傳百地流傳到後世，演變成人狼的故事。

很久很久以後的文明世界中，大家都知道沒有人狼這回事了。

科學家研究以後，終於瞭解這現象叫做ＰＭＳ（經前症候群）。

男人不提分手

地球上男女分手情況只有兩類：第一類，是女人提出的；第二類，是男人讓女人提出的。第二類又和第一類難以區分。男人不曾提出過分手嗎？沒有，男人是直接進入分手、單身狀態之後，知會女生而已——這也是有「苦衷」的。

男人要提分手備感壓力，因為通常是男生先追女生，主動開展一段戀情，結果發現不如預期時卻不知如何了結。我們開不了口說分開，因為那等同承認失敗（這和我們不問路的理由是一樣的）。總有人說兩性相處沒所謂誰對誰錯，但現實就是男

生先開始追求，就算是始作俑者。我們不想先開口說分手當壞人，儘管已經是壞人了。怎麼辦呢？不知道，所以我們逃避、我們拖延，本能地使用冷暴力冷待女友。

男人總覺得提分手是種很「黏」的事，像搓黏土，你左右掰開，以為黏土分開啦，卻發現兩半還分別黏在手上。你大力揮手，它還黏著，再大力點，一塊飛到腳上黏著，另一塊黏到天花板。男人是任務型的，開「分手會議」的目標是分手，但與會者只有一人，這個人和我目標非常不一致，她是個障礙，這樣的會議我就很不想開，生怕自己不堪對手的情緒攻勢而被逼妥協。我們工程師般的腦袋於是想到最佳解決辦法，就是和黏土一起躲進冷凍庫裡，冷到零下十度後黏性全無，黏土自會脫落。女友如果到這地步也還能堅持，男人就啟動單身模式開始約會其他人，一直到對方受不了了先提分手。這樣，自己還可以用受害者的姿態面對社交群：哎呀我被甩了！

這種行為無疑很窩囊，坦誠溝通當然是較好的方法，但我不覺得男人在未來一百年會有怎樣的改善。你讓男人選：和一百頭獅子搏鬥？還是向女友提分手？他會選擇獅子，因為獅子不是黏土，你死我活很乾脆。比較實際的是，女人不如早點意識到男人進入冷凍庫模式，及早打算，主動結案，因為男人一旦進入此模式就難以逆轉，不如及早讓他去餵獅子吧。

怨懟的蔓藤

分手因為________。如果你填了，無論填什麼，都不是答案之全部。

因為不滿是累積的，怨恨是累積的。分手以後，你獨自去麥當勞吃漢堡，聯想起對方一意沾滿你最不喜歡的番茄醬；你獨自開車，聯想起對方在旁嘮嘮叨叨；你獨自旅行，聯想起對方走兩步停三下拖慢整個行程。你這下覺得好自由，分手很好。

顯然雙方都不是對的人。也許她曾經是，也許你曾經是，但平日你做一點對方不爽的事，她做一點讓你不爽的事，一點一點地，到了那個飽和點，雙方都受不了了，便只有分開。而分開以後，那些帶刺的記憶每每浮現，提醒你：分開真好。

美好的事物，都侵蝕殆盡。

但她也許真的是對的人，但兩個人都不懂得溝通、經營，縱容自己的任性把可能的幸福一片一片地刮掉。世上很難有兩個人可以完全契合，我們畢竟不是工廠生產的拼圖。當初你發現了她，她發現了你，便是難得，而後來卻因為太自我而分開，不能說不可惜。

下一個人，記得，每一次惹對方不快，都種下一個怨懟的種子，每一個種子，都可能生長成蔓藤。讓兩個人分開，不是因為一件事、一種個性，而是這些纏繞在腦際的蔓藤，讓人看不見美好了。

啊，這些蔓藤，你現在還來得及修剪嗎？

寫給公主的分手信

Dear公主：

和你交往到後來發現，最快樂的時光，是老闆叫我加班。

這樣我就大有理由不必應酬你了。

我突然覺得好悲哀，老闆的臭臉比你的臭臉好看多了。他臭臉是應該的，因為工作我總有意馬虎了事，而為你做的一切，我都盡心盡力。情人節我做足功課、挑最好的餐廳，花了半個月的薪金，你卻說風景不好食物不怎樣服務一般我那天穿得

很難看。平日我也奔波接送，你以為理所當然，等你化妝等你逛街等你講電話，而我只要看電話分神反應稍慢，你就擺臭臉。

我的朋友，根據你說，都是壞人，好像我從小是黑道的。阿黃狗嘴長不出象牙（那天他說你胖了），阿德不上進（做傳銷其實沒有錯），阿林樣衰（這個我認同），我的好朋友都不讓我見。你逼我把所有未達更年期的女性刪好友，連跟了我五年的杰西也逼我送走，就只因為牠是母的。

我喜歡打球，但好久沒去，因為你要我陪你做瑜伽，我跟你控訴說老師（男）捏我屁股，你大笑了事。我從喜歡旅行變成恐懼，因為都變成瞎拼，什麼景點都沒看到，開銷卻總是加倍。我本來不喜歡看電影，後來喜歡了，因為在電影院裡頭不必聽你講話。

你知道嗎？最近我看我老闆的時候，我竟然覺得他很man很有魅力，甚至想約他吃飯看電影。我拍了自己腦門一下，不能再繼續扭曲自己，必須離開。

我想說，祝福你，不過我覺得你的下一個男朋友比較需要祝福。

阿門。

分手後還是想起你，公主

Dear公主：

無論到哪一家餐廳，我都想起上次你逼我向店長討免費冰淇淋。我說我能付錢，你卻堅持說免費的才好吃。

店長告訴我：「這些是其他顧客付了錢，保留給流浪漢的。」

我急了，說：「你不給我，她趕我出來，我就變流浪漢了。」

於是，店長一臉同情地送了我兩杯冰淇淋。我眼睜睜地看你把番茄醬澆在兩杯

冰淇淋上，說這樣更美味，然後逼我試。我嚐了一口，說不好吃，你就發脾氣罷吃。店長施捨給我的冰淇淋，就這樣慢慢融化成糊。

每次開車到停車場碰到兩個以上的空車位，就覺得一陣暈眩，耳邊響起你的聲音，叫我停左邊那個，然後又說右邊的比較靠近入口，但你說我可以按照自己的意願停左邊那個，可是最好再兜兜看有沒有更靠近的車位。我閉上眼睛冷靜下來，再張開眼睛時車位都被搶掉了。我慢慢地、慢慢地轉頭，確定乘客座是空的，你真的、真的不在了，才放心找下一個車位。後來我去看恐怖片，都嚇不到我了。

經過商店的時候，總想像你挽著大袋小袋出來，統統掛在我身上，把我變成一棵移動的聖誕樹。於是我加快腳步，像要逃離什麼似的。我懷疑自己患了妄想症，每個月收到銀行月結單都懷疑出錯，打去銀行確認：我這個月為什麼還能剩下那麼多錢？是不是有人陰謀栽贓陷害我？

分手以後，不是沒想談戀愛，但總有揮之不去的恐懼。我去看心理醫生，他聽了我的經歷，拍拍我的肩膀說：「還沒瘋，已經很難得了。」

他問我：現在的理想對象是怎樣的？我說：我已經沒有理想了，現在只要是母的都覺得是淑女。

醫生勸我還是暫時單身，直至對女人恢復些希望為止。我還是沒有忘記你，儘管我多希望你像昨晚的一場噩夢，驚嚇以後就再想不起細節。

不知你過得還好嗎？有新戀情了吧？麻煩你給新男友這個電話：

1800××××××。

防止自殺協會的。謝謝。

青蛙上

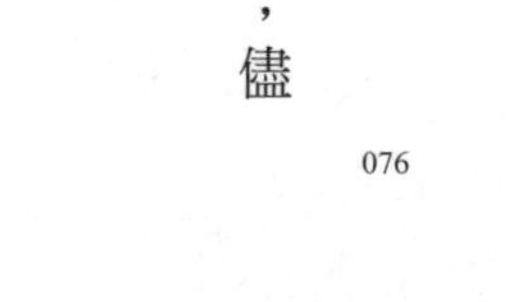

該死的前男友

男人的占有欲很強，大者打下整個國家，小者希望自己的女友完全屬於自己。那當然不可能，她也屬於她爸她媽她姊她妹她兄她弟她朋友，那都算了，你介意的是她曾經屬於她的前男友。

先別說理智的那套，說什麼愛一個人就要接受全部過去啦，過去的已經過去應該展望未來啦，做男人應該大方啦，這些道理誰都懂，我不是來談理智，是談情緒那頭猛獸。

她現在為你做的事情，曾經為別個男人做過。這是一根刺，扎在心頭，平常不碰不怎樣，但不免談起過去的時候，或是她因為種種原由非要去和那再見亦是朋友的前男友碰頭的時候，就好像用手指去彈去撩那根刺，拔出半分推入半分再拔出半分推入半分，痛到不得了。她還是要去見前男友，你該當如何？

正確的反應當然是大方，可以略顯醋意，控制得宜能表現你的在乎，讓對方心裡高興。成熟的男人「應該」如此。

不正確的反應是發飆，此舉最不明智。你發飆完畢，絕對會發現錯的是你，又要煩道歉認錯，而且是為了另一個男人的事認錯，世界上沒有更窩囊的事了。

但是，如果你真的很在乎，要故作大方談何容易！情緒是猛獸，它要衝出來，你要拚命勒住啊！死也要忍到女友離開看不見，才用這裡的幾個技巧，也許能平衡一下心理。

第一，想快樂的時光，把注意力放在好事，就能少吃點乾醋。如果第一不行，再加第二：去運動。除了體力發洩，運動能讓大腦釋放腦內啡，使人愉悅。如果你不運動，就去到第三，暴飲暴食，甜點加甜點，也可以讓腦內啡緩和痛楚。

其實你最想做的是弄來個巫毒娃娃加泰國降頭和中國茅山，咒死那些該死的前男友。抱歉，那些都不work的，平白讓神棍賺錢而已。你還是試用我那套減輕痛楚，一下子情緒過去了，你就ＯＫ了。

（咦，反正巫毒降頭不work，可以試試做一下嗎？可能會work嘛？）

女友和gay過夜，OK嗎？

你的女友要和她的gay好友出遊或夜談，會和他同處一室，甚至同床共枕，你會否覺得不是滋味、憂心忡忡？女友說沒什麼大不了，那麼請問你會放行嗎？

類似的事情曾經發生在我身上，內心掙扎了一下。為什麼不多花一點錢，多要一間房呢？大不了我來付錢，不行嗎？但反過來想自己，有時候就是想和死黨喝到倒頭就睡。如果她們之間是姊妹情，大概也想這樣盡興地聊天罷了。最後我很（假）紳士地放行，後來什麼問題也沒有。

所以，其實是OK的，你女友和她的男同志好友就像閨密。這樣的好友，比你

的直男死黨有道義得多。反之，如果你的直男死黨要和你女友同房，先閹掉，最好連根拔起餵狗。然後絕交。

首先，女人對他的感情不是那麼一回事。感情不是那麼一回事，肉體也就不是那麼一回事。對方也一樣，感情不是那麼一回事，我們不能以我們直男的獸性去揣想他的行為，這樣十分小人之心。她對他的信任，有時比對你的信任還深。既然是她的好朋友，你也該給予一樣的信任。如果還是不放心，也許因為你不熟悉對方，那就去認識一下你女友的朋友圈呀！（萬一出了什麼事，真要找人算帳也有個對象……）

曾有人批評我歧視同性戀，雖說我不盡瞭解，但絕不可能歧視，此後談這些話題總是小心翼翼。我有不少同志朋友，聽過他們的愛情故事。有一回我隨團外出表演，被安排和一同志團員同房，他很彆扭，很不好意思地向我說抱歉，要求換房，為了尊重他的男友。我老師說過一個故事，話說他本不認同同志，後來有機會讀了他們之間的情書，發現感情是一樣的，只是對象不一樣。別人的私事，干我們什麼事。

這事情反過來想卻又不行了。如果你和蕾絲邊女性朋友同房，說你們是兄弟情，這樣OK嗎？我保證女友會把你閹掉，連根拔起餵狗。然後分手。

蕾絲邊沒問題，但直男就是靠不住。

你的世界，裝在她眼裡

世界很大，很大，你很小。

年輕的你汲汲營營，從一部車子到另一部車子，從一間房子到另一間房子，半生以後你就會發現追逐了無止境。你想用短暫的生命在永恆的時間裡印下深深的足跡，你買名牌、旅行、做公益、po臉書，對世界吶喊你的存在，然而聲音瞬間被淹沒——沒人在聆聽，大家都在喊。

年紀愈大，愈覺孤獨。你本來就是孤獨的，因為你是獨一無二的個體，世上沒

誰有和你一樣的基因、一樣的經歷，當然也沒有一樣的想法。只是一開始你不知道自己的孤獨如磚塊實在，天真地以為人世間總有無盡的友情和愛情，能把它融化。於是你去探索、去追求，戀愛、分手，最後妥協。

然而你沒有真正甘心。無論社會如何對你尊敬，不管擁有多少財物，這些都像水面上的浮木，你想踏著浮木過河，從這一塊跳到那一塊，步步浮沉，始終不踏實。你偶爾會自夢中驚醒，在冷氣舒適的房間獨看窗外，黑夜漫長，當全世界都安靜如死時，沒誰在意你開什麼車、戴什麼錶，甚至做過什麼事。

你以為爬得夠高了便換來認同，但眾人只能從更遠的距離遙遙仰望，你更覺孤獨。最終你會明白，我們其實都在找尋歸屬，只在期待被完全地接受。你只需要一雙可以擁抱自己的雙臂、傾聽自己的耳朵、看透自己的雙眸。其他的一切一切，不過是人生的點綴。

可是啊這麼一個人，在哪裡呢？世界很大，很大，人生很短。你需要很多很多的運氣，才可能遇到她。如果有幸遇到，請你不惜一切，抓著，像懸在萬丈崖壁般緊抓唯一的樹幹。你若放手，就只能往下墜。

最後，你會發現一切都值得。那個難眠的夜晚，終於有人為你披一件衣，聽你娓娓訴說心事。

在這很大很大的世界，你們站穩了一個位子。

PART 2

麵包不夠吃了

男人無錢便是德

這篇出賣所有男人，寫給女人看的。女人要管男人很難，但從錢財下手，你就捉著要害。

這也不是什麼祕密，男人沒錢就壞不起來。花天酒地吃喝嫖賭，無一不花錢。古代男人掌控女人，就因為掌控了經濟地位。你讓男人沒錢，他還能耍什麼把戲？你看印度的甘地，無錢之極，生活極簡，於是精力都用在為國為民，世人尊為聖雄。錢多如某國首領，就禍國殃民、殺人放火了。

當然，甘地是自願選擇刻苦的生活，你把你男人的口袋抽乾，他也不會自動成為偉人，但至少成為賤人的機會大大降低。要點是怎樣把男人的口袋抽乾呢？

首先你想到的大概是把附屬信用卡月月刷爆，那不是最明智的，若說你們往後一起生活，他窮死對你沒好處。換個做法，改為向他拿現金。比如你看中一千塊的包，你向他要三千。男人分不出包的真假貴賤，也不好意思檢查收據。有一次朋友們聚餐，故作內行的阿尊指著阿雪的包說：「我買過這牌子給女友，貴死，要上萬元！」其實市價才兩千，朋友都噤聲沒敢告訴他真相。多要的錢，可以投資，可以存起來。

上面說的揩油無法常做，奢侈品畢竟不能常買。另一個法子是逼（或強力勸導）他買房子，便能把錢投入會增值的資產。此外，保險也是很好的吸錢機制，切記自己要是受益人。這類辦法都師出有名，理由充分，男人反駁不了，只能乖乖就範。

《孫子兵法》有云，知己知彼百戰百勝，你要先知道他的收入來源和數目。直接問或會惹疑，大可假裝幫他跑銀行進月薪支票。為什麼要知道呢？掌握軍情了，才能估計榨多少他才不會反彈。孫子也說「圍師必闕」，意思是不要把敵軍圍死，留一條生路，他才不會拚死反抗。你揩油多留的錢，偶爾還能請他吃飯。「哎呀你工作辛苦，這餐我請好了。」他還要感動流淚呢！

男人不壞，女人不愛，沒錢的男人壞不起來，也一定沒人愛了。從此，你就能放一百個心。我只是不確定，馴如小貓的男人，還算男人嗎？

（這篇其實是寫給男人的，切記打死也要藏幾個錢給自己啊！）

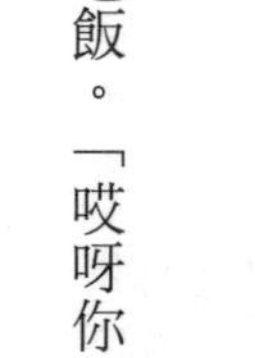

大丈夫不可一日無錢

大概從港劇聽來：大丈夫不可一日無權，小男人不可一日無錢。這相當廢話，無錢，你哪來的權？權和錢息息相關的。無錢百事哀，女友天天埋怨你不比誰誰誰長進。她愈講你就愈覺渺小，消極的話和朋友泡酒吧買醉，積極的也許工作勤一點多掙幾個錢，但往往就是不夠。

其實你想一想，你是不是真的沒錢，還是讓她花光了。

首先聲明我很老土的態度：男人花錢討女人開心、照顧女人，是天經地義的，這是男人的基本尊嚴。可是啊如果你女友也完全奉行這個觀念，就危險了。我看過這樣的例子，女友吸血鬼一樣地把我朋友阿茂吸到乾（我是說錢包），完全不知節制。錢花在哪裡呢？還不是衣服包包鞋子那些我們永遠搞不懂為什麼永遠不會夠的東西。

阿茂錢不夠了，聲音自然變小了，沒權了，女友聲量就提高了，阿茂愈來愈矮，只能找我們這些酒友訴苦，當然由我們埋單。如此循環，一定讓漩渦捲到湖底，淹死的只會是阿茂，他女友肯定會很優雅地上岸，找另外一個阿茂。我卻完全不怪女人，是阿茂處理不當。

我無意跟你說理財，只想說「期望管理」。阿茂一開始太寵女友，要什麼買什麼，沒有設定好她該有的期望。她以為阿茂是「千金散盡還復來」的李白，結果把他榨到一窮二白。朋友，李白最後是掉進湖裡死的。正確的做法，阿茂應該一開始就量力而買，衡量的標準很簡單，如果需要分期付款才買得起的禮物，意思就是買不起。如果是我，就算有錢也偶爾裝沒錢，控制著女方的期望，也間接提醒對方錢不是天上掉下來的。這樣，你的錢可以留一點，權力也均衡一點。

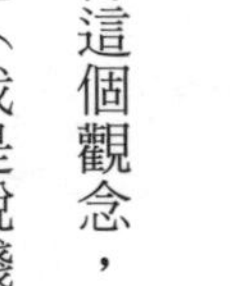

如果對方因為少一個ＬＶ包就離開你，我只能說……

恭喜。

你的錢是你的，我的錢是我的

人生最不智的事，就是以為女朋友會和你相守一輩子，然後和她發生關係——我是說財務關係，比如一起開公司、買房子。在資本主義社會，金錢就像血液，你會不會把你的血管和別人的連接在一起，共用血液？如果不會，幹麼和女友開聯名戶頭？

我不相信永遠。男人說「永遠愛你」是最大的謊言，很科學地說他最多活一百歲，永遠還有很久很久。女人也一樣，一段關係變數太多，未來會怎樣很難說。偏

偏熱戀期間頭腦昏了，以為兩人是一個個體，便一起投資、買房子、做生意。我懷疑其實大多時候男人腦子還是比較清醒，但女人要求起來……

「你為什麼不和我一起買房子？我們不是說好永遠在一起嗎？」

「你為什麼不和我一起開店？難道我們相處得不好嗎？」

男人哪敢說不？一表露對未來有所懷疑，接下來不管怎麼解釋都死路一條。

如果兩人財務糾纏在一塊，以後分開就麻煩大了，尤其是分手難免帶些怨氣。比如房子一方要賣，另一方不要；或者貸款有一方突然不能或不願攤還。生意要拆夥、結業嗎？虧本的還好辦，結束掉就算了，手續麻煩些；若是賺錢的，這樣的變動就浪費了之前投入的心力。難道分手後不能繼續合作經營嗎？我就看過這樣的例子，阿茂分手後交了新女友，但因為生意夥伴正是前女友，天大要見面，新女友因此三不五時發脾氣，連送禮也哄不了。「你送我這個包，你前女友有分喔，你和她一起賺的錢！」阿茂沒有好日子過。

連簡單的私人借貸也不簡單，這也是我親見的。因為關係親密，不好意思要求留借據，若非和平分手，怨氣沖天，你欠我的情抵銷我欠你的錢，以後未必追得回來。不管怎麼看，交往時錢財瓜葛愈少愈好，可免百日之憂啊！

就算結婚，也難保不會分開。財務難免糾纏在一起了，但最好還是想法子留些錢給自己。西方或許比較能接受婚前協議，尤其巨富更需要防範淘金女，免得離婚時財產蒸發一半。東方社會難接受這一套，這多麼不浪漫！韓劇、日劇裡沒有發生過的事！在我們的價值觀裡頭，婚姻是「永遠」的，至死方休。

不信，你試試求婚以後，跟對方開口：「現在，我們來談談離婚後財產怎麼分……」

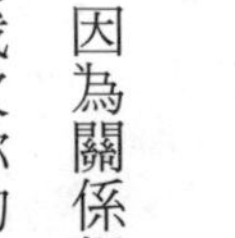

女友賺得比較多

小郭是藝術家，活在顏料中。藝術家其實未必窮，這小子一幅畫賣數千，平均一個月賣一幅，偶爾還接一些商業案子，收入挺可觀。在某次畫展，一女藝人不知何故剛好出席，十分仰慕小郭。兩人結識，後來交往，一開始看起來還滿合拍的。

問題發生在一次歐洲之旅。小郭要背包旅行，女友要全程五星級。

「背包徒步的，比較可以感受當地民情呀！」小郭說。

「住好一點，吃好一點，不是更有力氣觀光嗎？」女友說。

爭論到最後小郭也說不出口，是五星級消費讓他吃不消。

女人賺錢比男人多，不是問題。女人能花的錢要比男人多，那才是問題。女人多賺，那是各賺各的，平常相安無事，那種失衡不會浮現出來，待要用大錢共同去完成一件事時，比如旅行、裝修等等，財力懸殊顯露，對男人來說就很刺眼了。

男女收入總有高低，理性客觀來看沒什麼大不了，為什麼男人自尊心會受創呢？那是社會價值觀影響。不管你怎麼客觀理性，在大多數文化裡頭，男人一直扮演養家的供給者，這種思想根深柢固，幾乎是男人價值自我肯定的支柱。不然，女友出錢有什麼不好？但偏偏花女人錢就會惹來很多難聽的話，什麼「吃軟飯」之類的，都是社會施加的壓力。

女友怎麼辦？為照顧男友感受，犧牲自己享受，一起背包徒步。有錢不敢花，是很難受的事，到外國看到名牌包包了也不好意思出重手。後來兩人都個別來找我這個假專家輔導。女友說她很欣賞小郭的才華，完全不介意他收入比較低。那我就

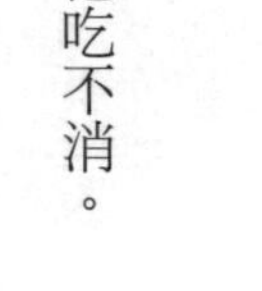

去說服小郭，說很羨慕他有人包養，花女友錢很幸福，兩人在一起愛情第一，藝術家不要為世俗眼光所牽制。然後我對那女友說，小郭不是食古不化的男人，要用錢就用錢嘛，他不會介意了。不久後就再聽說他們去五星級旅遊。

最後還是分手了，不是因為我輔導失敗，而是太成功——小郭非常習慣花女友的錢，輪到女友吃不消。女人嘛，最終還是認為男人要有能力當供給者——不也一樣被世俗套牢，都逃不掉。

哪種男人最賤

我的前女友和新男友交往，後來聽說此人欠一屁股債後和前女友分手走人，債務統統由女人來扛。從我很老土的男人角度來看，這是最賤的，不配當男人。

男人就是要養女人的，從原始時代我們就負責打獵，讓女人溫飽。就算現代嚷嚷男女平等、財務獨立，男人至少至少不能負累女人。好啦就算運氣一時不濟負累女人，總也不能一走了之，留下來掃地洗碗也好，至少表現誠意。故此，花女人錢然後又跑掉的，乃是天下至賤，除了生理結構為男性，不能稱為男人。

這樣的至賤男，我接觸過的不只一個，有的還是名人，還好意思出來行走江湖。軟飯吃這麼多，不會腳軟嗎？小便一定是坐著的了。

但是女人又未必這麼想。愛情至上者，養男人叫做愛的表現。愛郎生計有困難，接濟一下無妨。在她們的說法，天下至賤乃劈腿男（這麼巧，也是要腿夠軟才能劈）。這些男人背叛愛情，破壞了她們的憧憬。可是在我看來，劈腿是生理本能，賤是賤了，但不算最賤，還是利用女人弱點的男寄生蟲賤得多。

可見男女價值觀大不同，對於何者最賤也有分別。不過，綜合男女觀點，大概雙方都可以認同：最最最賤的，就是一邊花女人錢，一邊劈腿的男人。以前我家印傭在家鄉的丈夫，就用她寄回去的錢娶第二個。

我很難相信世界上真有這麼不要臉的男人，但真的有。實在應該把他們丟入攪拌機，打成渣，倒進馬桶沖掉。

女人與包包

我是個遲鈍的小孩，走路會跌倒。有一回和美女逛街居然跌倒兩次，第一次她笑我，第二次她尖叫，因為我剛好幫她提包包。此後我對兩性關係多了一重陰影，以至於老要問對方：「如果Gucci和我同時跌倒，你會先救哪一個？」

女人的包包對我來說是個謎。它明明是個容器，但又似乎不只是個容器。我也喜歡包包，不過不是女人的手提袋。我的包包夠大，能背能提，裡頭有三重隔層，分別可收平板、筆記型電腦、文件；小袋子不知幾個，充電器、名片、鑰匙等雜物皆可分類收存。我的包包功能齊全，耐操耐勞陪我出生入死，它也勉強算名牌，終生保用，但價錢還比不上女人名牌包包的一條肩帶。啊那條肩帶讓我大開眼界，就一條五顏六色的東西，唯一實際功能是連接包包和肩膀，價錢卻可以吃掉我一條臂膀，女人還趨之若鶩，這當中必有學問吧？

於是我觀察女人選包包，除了看外觀，她們還會打開來查看，我原以為是檢查容量，但應該不是，因為單看外型就知道最多裝三支唇膏和一包紙巾。難道是看隔層？也不是，裡頭黑漆漆一個空間，像極了黑洞，把希望之光和金錢統統吸走。我又觀察女人用包包，她們收東西就是把所有雜物堆進黑洞，要用時就挖一挖，但找東西還是挺方便快捷的，因為也就只有三支唇膏和一包紙巾。她們通常還同時有幾個包包，要出席不同場合，就要清空這個包包，裝到那個包包，不像我一個包包可應付天下萬變。儘管女人的包包論功能不及我的包包萬一，但價錢卻是一萬起跳——店員說一萬，男人一起跳。

我也明白產品的價碼不一定和功能成正比。賓士和日產車功能相若，但價錢有天壤之別。我問女人：到底包包的價值在哪裡？她說是設計、是手工、是概念。我曾經在高爾夫球袋廠工作，世界上最昂貴的名牌也曾是這家廠代工的，常常連設計也包辦，成本其實和非名牌差不多，但最終售價在貼上品牌以後就很不一樣了。單憑設計、手工無法說服我付高價。後來女人說這是藝術品，我問她什麼是藝術，她又說不上來。

剩下可能比較顯著的功能是時裝配飾吧？但又絕對不是為了給男人看，因為男人看不到，都是先天的「包盲症」。難道，包包都是女人之間暗中較勁的武器？除了出席宴會，就是在社交媒體上發美圖時有意無意秀一下半個包包，比品味比財力比男友。女人與包包的世界，真不是我這遲鈍小孩能明白的……「Gucci和我同時跌倒，你會先救哪一個？」

正確答案是，自己走路要小心。

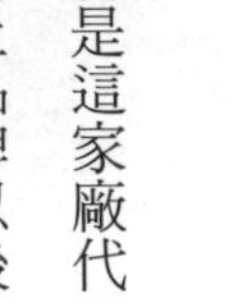

送禮，男人最痛！（不是因為錢）

我終於做了：她生日時，我什麼禮物都不買！我真的很懶得想了！

我終於有能力做到了：我簽好支票，數目留空，丟在她面前：「吶！隨便填！」（只是希望她不要填超過五千塊，聽說開空頭支票會被列入黑名單。）

我極痛恨節日。到底是哪個王八蛋發明「驚喜」這個詞？送禮要花錢已經夠傷，還得每次想出不一樣的東西?!我們保守估算一下，一年有生日、情人節、紀念日、聖誕節，那就損耗你四個送禮點子。交往三年，就得用上十二個點子。如果要求再苛刻一點，元宵、七夕、相識紀念日、週年紀念日等等等等也要送禮，三年要三十份不同的禮物。後來還有哪個殺千刀的人渣把五月二十日胡扯成「我愛你」，那根本是兩組不同的讀音好不好！女人當然歡迎多一個能收禮物的「節日」，瞎坑男人，才不管有理沒理。

（三年後就不必再想了，要麼結婚要麼分手，都不必再送。）（的確是這樣的，認命吧女人。）

試問：幾個男人有那麼多點子？就算有，難道真能做到都讓人驚喜？到最後，她喜不喜不知道，你肯定只有驚的分兒。禮物不只要新鮮，還得實用，而且必須對方喜歡。你是否負擔得起還沒列入考量呢！

好啦你絞盡腦汁終於把心一橫，決定下個月餐餐吃陽春麵，送iPhone，地球上沒有女人不喜歡這顆虛榮的蘋果。

你一進店裡就大聲說：「給我最新的，容量最大的，最貴的。」

全店的人望過來，女生們露出崇拜的眼神，身邊那些寒酸的男友統統無地自容。

店員禮貌地端出四支手機。「請問你要什麼顏色？」

你看著那幾個顏色，忽然眼花撩亂。什麼叫「亮黑色」？什麼叫「深空灰」？

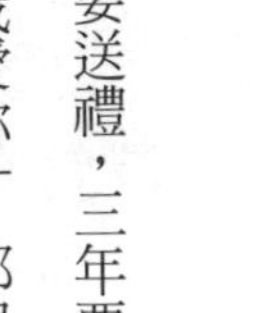

你對顏色的認知停留在幼稚園，深就深淺就淺，沒有什麼「深空淺海」的。還有那個「玫瑰金」，不是紅色也不是金色，明明就是粉紅！

你冷汗直冒，究竟她喜歡哪種顏色啊？你知道她喜歡粉紅，但不代表她喜歡粉紅色的手機。你知道她討厭黑色，但她卻正在用黑色的手機。

你聲音變小，顫抖著問店員：「買回去以後，如果顏色不過關，可以回來換嗎？」

「抱歉先生，貨物出門，恕不退換。」店員禮貌地笑，但你很想打他。

後來你吃了四個月陽春麵。

送禮是無可免的，要怎樣把痛苦減到最低？——做功課，預先計劃。交往之初，先把未來三年的禮物列出來，建議用心智圖幫助思考。比方說分實用類、擺設類、奢侈類、紀念類等，然後每一類底下想幾個點子。在交往過程中，發現有其他可能，就加入心智圖。最後，非常重要的，價錢要從低排到高，從便宜東西開始。你第一年送iPhone，第二年還能送什麼？小米？

不要小看這個功課的用處喔！如果你分手，還可以重複再用這個心智圖應付下一個女朋友，就不必再絞盡腦汁了。

陪shopping，是男人的折磨

若說聽女人發牢騷是精神折磨，當奴僕任其使喚是體力折磨，那麼陪逛街便是精神加肉體的折磨。

我一直覺得這是孟子陪女友shopping之後的領悟：天將降大任於斯人也，必先苦其心志，勞其筋骨，餓其體膚，空乏其身，行拂亂其所為，所以動心忍性，增益其所不能。

孟子當奴僕shop到心情苦悶、又累又餓、錢包空空、諸事不順，然後安慰自己

這是上天要交給自己重任，鍛鍊能力。如果在馬來西亞，他簡直就是當首相的料（不過不可能，因為他是華人）。

陪瞎拼為什麼苦？我這裡專指陪女人買衣服鞋子包包之類，都是她的東西。男人要提著袋子一直走一直走，這是體力折磨，卻都是在完成別人的事。男人是任務型的，你看電玩的設計就明白，尤其角色扮演遊戲ＲＰＧ，一定由許多小任務組成，這些鮮明的目標逐一達到，能給玩家滿足感。女人瞎拼通常反其道，不知道要買什麼、不確定要用多少錢、不管花多少時間、不怕走多少路，最讓男人不解的是，不計較最後有沒有收穫。這就是精神折磨。

男人就好像喪屍般地跟著走，想滑手機神遊一下，未幾又被打斷，因為女人拿來一件衣服要聽意見，這也是精神折磨。對我來說，這件和那件真的差不多。紅色就是紅色，我真的不知道豬肝紅有多豬肝，我不開屠宰場，也不會下廚。天空藍和什麼藍都一樣是藍。我不知道現在流行什麼，什麼剪裁看來都只是像衣服。

男人為了表示有用心思考才回答，就假裝端詳一下、摸下巴一下，然後絞盡腦汁杜撰一個理由，說這件比那件好看，其實真相是這件比那件便宜，要他出錢沒有那麼肉痛。然而無論他說什麼女人都會推翻，其實她心裡早已有數，要聽人認同罷了。男人答錯，女人覺得索然無趣，又要換下一家店，男人繼續走走走。

此事沒有解決方案，除了選擇不陪，不過這樣恐怕會扣些分數。有沒有這樣一個女生，還是要你陪，但看你走累了會請你自己去咖啡廳坐坐等候，她自己逛就好，然後不時回來陪你一下下，把戰利品寄放在你的座位，再自己繼續逛。而且，從頭到尾她自己付錢。如果有，大概可以娶了。

一起「討厭」的日子

找對象總希望對方和自己有共同興趣，喜歡做相同的事情。依我看，兩個人在一起未必要喜歡一樣的事物，有共同討厭的事，可能更好喔！

一起喜歡一樣的事，不太符合經濟效益。比方說兩人都喜歡燒肉，以前你點一碟可以獨吃，現在得要分一半，一餐點兩盤燒肉又似乎有點不妥。別跟我說什麼分享的喜悅，喜悅是獨占一整盤燒肉。又比方說你喜歡跑步，她也喜歡，以前你是說走就走，現在還得和女伴安排時間，大家跑步快慢又不一樣，還得將就對方的步調。你想想，如果她對跑步沒興趣，你出去跑步時就任她在家裡睡覺吧，各有各的自在，多好！

大多時候，兩個人的興趣是不一致的，最辛苦的情況便是兩人企圖「同化」對方。如果女伴喜歡旅行，男的不喜歡，那就痛苦了。女人每半年就要往外跑一趟，身為男友被逼陪伴，花錢買罪受，搞不好還得完全負擔兩人的旅費。又比方說男人喜歡釣魚，硬拉女友一起去湖畔發呆；男人喜歡飆車，硬拉女人一起跑山路，結果女伴半路嘔吐。男女在這方面的差別是：女人不喜歡做的事，會大方地直接拒絕，全無後顧之憂。男人不會拒絕，因為拒絕以後不會有好日子過，女人會無止境地叨念男人不夠愛她。

我以前極厭惡違規停車，認為阻礙交通浪費別人的時間乃罪大惡極，女友卻覺得停「一下下」無所謂，如果你等過女人出門，就知道女人是沒有真正的「一下下」的。若找到一個女友和你有共同討厭的事物，情況就大大不同。遇到違規停車的人，可以同仇敵愾地一起爆粗口。兩人都討厭阿茂，就一起在背後講他壞話。兩人都討厭旅行，就不必互相遷就著繞半個地球。兩人都討厭運動，就一起看電視變

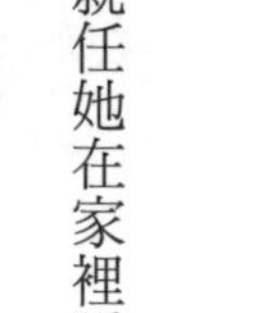

痴肥，誰也不能怨誰。啊，多幸福！

除非大家所喜歡的東西不會被分薄，也不太需要互相將就時間，比方說都喜歡王晶的電影，那還行。一起喜歡讀書更好，難得有安靜的時候。這麼說吧，就算不共同討厭一件事也好，至少不要找個女伴是特喜歡你最討厭的活動，無謂的爭執便可減到最低。那麼你這輩子就不需要忍受太多事，大概就只剩shopping罷了。

請別阻止我玩game

男人永遠長不大，變大的只有玩具罷了。玩具飛機變遙控飛機，模型車變跑車，電玩其實也變「大」了，很久很久以前存在硬碟裡的遊戲，現在要藍光ＤＶＤ。

我小時候流行過一個遊戲叫「Lode Runner」，那時還是黑白的，在Apple II電腦（蘋果於一九七七年生產的暢銷電腦）裡，遊戲中，主人翁要避開敵人追擊，尋獲金磚，每一道關卡都像謎題。那時爸爸年約四十許吧，偶然發現我們兄弟在玩，於是也下手一試，馬上欲罷不能，父子圍在電腦前闖關。

電玩發展很快，但長大後也少玩了，只是偶爾碰到喜歡的，會一頭栽下去幾個月，甚至夜不知寢。比方早期有一陣子迷上「Counter Strike」，常去網咖流連，一些日子下來發現花費近萬，馬上戒掉。

女人常常控訴男人花太多時間在電玩，我認同，勤有功，戲無益，但認同不表示不玩。我一邊認同，一邊玩。電玩是需要，是我們逃離現實的出口。每個男人都希望自己是英雄，然而現實中往往不過宅男一名。只有在電玩世界中，我們能搖身一變成為過關斬將的武士，或是無畏槍林彈雨的超人，拯救萬千生命於水深火熱之中。請女人瞭解、體諒一下，在這個時代我們都很平凡渺小，卻有戰鬥的基因，老是當司機、倒垃圾、受人鳥氣，不打打電玩，殺幾百隻虛擬怪獸，很難平衡心理。

如果你的男友打電玩，你有福了，他大概心理健康，不會家暴你。請不要阻止，更不要吃電玩的醋，勸他休息夠就好，他會感激你明理。他把所有外星人殺光以後，又會乖乖回到你身邊，變回凡人的。

我開車，請你安靜點行不行？

飛機快要起飛，空姐悠閒地坐在機長旁。

「可以退後了，慢一點，叫你慢一點，乘客不舒服。好，向前，去三號跑道。轉左，不是這裡，下一個彎。叫你轉左，慢一點，要甩死我嗎？好了，踩油，快一點啦要遲到了。好，pull up（機頭拉高），怎麼還不pull up？叫你pull up。好，飛了，我睡一下。」

我想機長會趁她睡著，把她丟出飛機。

我真不明白，為什麼車裡駕駛座旁邊那個座位，居然叫做「副駕駛座」，這真是大錯特錯。開飛機需要個副機師幫忙，但他還是聽命於機長的。開車可不需要副司機，更不要指揮官，那個座位應該是「乘客座」，全名叫「給我乖乖閉嘴當乘客座」。偏偏十之八九不愛開車硬要人載的女人坐到那個位子，都會變成車神、總司令，指點不休。

男人有兩件事你不能隨便批評，一是床上表現，二是開車。這兩件事有關聯——都是本能。開車的確是本能需求，自遠古打獵開始，我們就對所有能增快速度的工具著迷，先是馬，後是車。有個聲音在旁邊一直說，快一點、慢一點、大力點、不對啦、這樣還ＯＫ，那是徹底抹殺所有樂趣，討吵架罷了。就算男人耐著性子不吵架，下次也真不想載你。

我思考為什麼女人自己開車不怎樣，還要多嘴呢？我猜想原因是女人的腦部構造，是直接連著嘴巴的。她們看到路況，想像自己會怎麼開，嘴裡就忍不住講出來了。要她們閉嘴的辦法，我想便是慫恿她們玩手機。如果不成，自己發揮一貫神功——左耳貫右耳。

我們不是完全不聽意見，重點是怎麼說。不要用命令或控訴的語氣，用請求的，通常男人會樂意順從。比如：「你開太快了我會害怕，能不能請你慢一點？」

當然，有的緊急狀況還是可以大聲的，比如：進錯入口了啊！單行道啊！

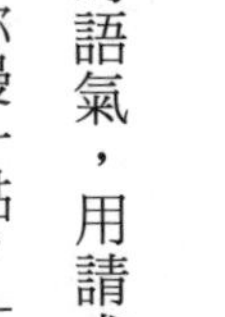

男人開車比較「好」嗎？

機師朋友聶胡茲蘭告訴我，百分之九十七的機師都是男人，不是因為歧視，而是大多數女人無法通過考試，尤其和空間感相關的試題。男女腦袋構造本來不同，擅長的事情自不一樣。我後來再找資料，原因不僅如此，另一方面也因為女人對開飛機不感興趣。

女人對開車也不感興趣，所以賽車手十之八九都是男人。你身邊一定至少有一位女性朋友是沒有駕照，出入都要男人接送的；一定至少還有一位，擁有駕照，但出入還是要男人載的。男人經過長久訓練，技術要差也很難；女人長久依賴，技術要好都很難。

凡事當然有例外，總有開車技術好的女人。賽車圈裡頭也偶有女車手，而且往往排前三名——因為女車手的組別通常不超過三人參加。女車手不管技術如何都總惹男車手嫉妒，因為物以稀為貴，贊助商就喜歡贊助女車手。要賣商品，女車手總是比較吸睛。

除了載女人進進出出的後天磨練，男人先天的空間感本來就比女人強，所以，男人開車比較強是必然的——可是……女人開車比男人安全！倒不是因為不出意外，我看了一些統計報告，女人開車撞東西比男人頻繁的，但通常不致命。男人自恃技術好，往往開得快，一出事就出大事。這樣，男人開車還能算「好」嗎？

就當男人開車不好吧！就當男人開車真的很爛、很危險吧！那麼，請女人自己多開車，別總是要男人載了。

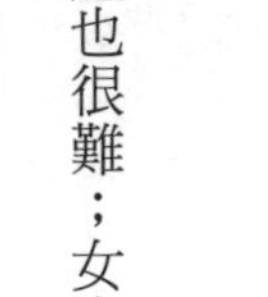

求你不要閹割我的車

車，是我最私人的空間。

我在網上看過一張幽默組圖。女生的房間整整齊齊，車裡亂糟糟，鞋子、衣服、化妝品什麼都有。男人房間亂糟糟，車子裡卻是井然有序。男人可以衣衫襤褸、頭髮如草，但車一定洗得光鮮。個人打扮如乞丐一點也不要緊，車，便是成就的象徵、品味的代表。

我看差別在於女生把車子視為交通工具，而我把它看作生活空間。女人老愛說：

「哎呀，這車價錢夠買一棟房子了！」沒錯，這等於我的房子，差別只在它會動。

我奉行極簡主義，車廂的私人空間裡除了必要的路費卡和手機充電器，平日不允許有其他物件，尤其飾物。為什麼呢？因為每一件東西都有重量，多一分重就多耗一分汽油。況且重量前後分配若不均，會影響車子操控。更重要的是，我快速過彎時，不能有橫飛的雜物。

不見得每個男人都像我這麼偏執。我以前是賽車手，有一群車友，他們的車廂裡本也是乾乾淨淨的。有一天，Subaru（速霸陸）佬來和大夥喝茶時，卻見他的戰車裡坐了Hello Kitty。大家馬上明白Subaru佬拍拖了，這是女友在領地插旗。

女人侵略男人車子的第一步通常是音樂，不占位子的光碟播放起來便填滿空間，侵略男人的耳膜，直擊腦門，希望他久而久之就變成腦殘的奴隸。第二步和美國人上月球做的第一件事雷同：插旗，告訴全世界這地盤是她的。她開始在車裡掛飾物，準備卡通小枕頭，擺放布娃娃，有多女性化就多女性化，連母狗靠近都會自動閃開。

陽剛的一輛好車，再也開不快了，因為煞車過彎時雜物橫飛。好好一輛凶悍的

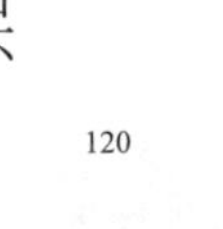

速霸陸，現在前有Hello Kitty，車座加了粉紅套，頭上有蕾絲邊紙巾盒。後車箱裡有女人鞋子，當然不只一雙，休閒鞋有，高跟鞋有，應付一同出席的不同場合。

啊大好戰車Subaru，從此被閹割。沒幾個女人能明白，車，是有個性的。你聽那引擎的吼叫，感受那加速時的衝勁。好車過彎時還會和車手說話：「我的後輪開始打滑了，前輪還行，你看怎辦？」然後你擺動駕駛盤，人車合一，完美飄移。你給這麼一頭雄獅頭上綁蝴蝶結，它會在心裡滴血。

車子是我們最後一方神聖的空間啊，求你別拿Hello Kitty來褻瀆了！

趁年輕，買跑車！

男人必然是愛車的，就好像男人必然鹹濕一樣。如果有男人跟你說他不鹹濕，只有兩個可能，一是他說謊，二是他沒膽子，甚至沒「能力」。

愛車這件事，是內建在男人基因裡的。原始時代我們負責打獵，兩隻腳跑得不比四隻腳快，就只能餓肚子了。後來還要打仗，跑慢一點就死得快一點。所以，任何能讓我們動得更快的工具，都讓我們神往。古代男人愛馬，關公的赤兔就像現代的法拉利。現代不騎馬，男人自然就轉愛車了。

把現實中需要載人載貨的考量先撇開，每個男人都一定愛跑車。所謂跑車，並不是說流線外型、馬力大就算跑車，它必須要給你操控的快感。跑車必須要能和你「說話」，透過堅實的底盤、穩實的懸掛系統、敏感的油門和煞車系統、敏銳的駕駛盤，隨時向你的身體傳達車身和路面的關係，讓你及時反應。我記得「寶獅」Peugeot RCZ推出時，其行銷經理對媒體說它「看起來像跑車，駕起來像房車」，那根本是讓人炫耀自爽而已，完全不算跑車。「蓮花」Lotus Elise的馬力和馬來西亞國產車「寶騰」Proton差不多，但它給你最最純淨的操控，便是不折不扣的跑車。

如果有男人跟你說他不愛跑車，只有兩個可能，一是他說謊，二是他沒能力。你看，好多開跑車的人都是大叔了，一般人大概要工作到那個歲數，才累積了足夠的財力買跑車。但是啊到了大叔級時，五感難免遲鈍些，開車難免怕死些，很難百分之百享受跑車的樂趣。

開跑車，要趁年輕。這不是不可能的——如果你買二手！

所有折舊的損失，都讓前面的車主承擔了。而且，他們通常在週末才開，里程數也十分有限，兩三年的「舊」車其實和新的沒差。就算更舊的，在維修方面預算多些，也還是划算。十年的保時捷，還不到台幣一百二十萬。你說你養不起兩台車？那就天天開一輛保時捷呀！買了，就盡其用！如果你不求名牌，選擇更多。你大可擁有兩輛，一輛「正常」的房車，一輛純為享受的跑車。

不要光「夢想」有一台跑車。只要你不堅持買名牌、買新車，跑車是觸手可及的！去實現夢想吧！

PART 3

說實話怎麼活

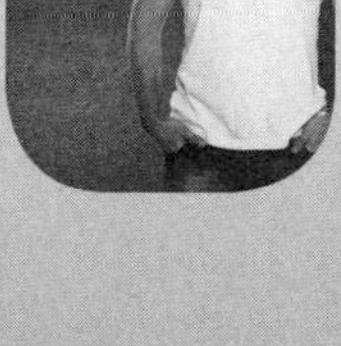

你為什麼要向女友交代行蹤

阿茂掏出電話，突然驚慌起來。「#$@$%^，沒電！你有沒有Power bank？」

「沒有。沒電不會死的。」我對缺臉書如缺氧的人很是厭煩。

「會死啊！我得傳一則重要簡訊。」

「什麼簡訊？幾百萬的生意？」

「剛才還沒向女朋友交代，我會來見你。」

果然比幾百萬生意還緊急，我完全體諒。我倆喝茶聊天大概要耗一小時，他重

新開機時簡訊必會湧入。先是甜蜜問候：「寶貝我想念你」之類；然後是收不到回應的焦慮：「你在忙嗎？安全嗎？」再從焦慮變焦躁，開始起火。到最後電話接通，那把火就直從電話揚聲器噴出來，四度燒傷阿茂。「你不知道我擔心你嗎？你愛我就會把電話充滿電！」然後繼續燒穿阿茂的荷包，錢都流出來買道歉禮物。

二十年前，不是這樣的，也不能這樣。我在美國求學，女友在馬來西亞，通訊主要靠書信，是那種寄出兩星期才抵達的紙質書信。通長途電話只能偶爾為之，因為每分鐘幾塊錢美金的電話費是天價。我們無法時刻交代作息和行蹤，也不需要。我要去見朋友，就去，過後寫寫信說一說見面有什麼趣事，沒有也就算了。我們信任對方會照顧自己，不會失聯一小時就以為被外星人捉走。

我們居然在現代行動科技底下被壓得動彈不得。雲端的伺服器隨時隨地即時奉命，無限餵養我們的焦躁，無論什麼答案，我們習慣了現在就要、馬上就要，對伺服器的要求延伸到伴侶身上。然而人不是住在雲端的機器天使，需要自己的空間和時間。阿茂應該擁有和我喝杯茶的自由，就像我當年有和教授談功課的自由，無須及時向誰報備——理論上是這樣，實際上不是。

實際上，急躁症已經養成，回不去了。不是說阿茂見我需要女友批准，也不是說女友不信任阿茂。但現代的一小時失聯，就好像臉書當機，突然生活有莫名的空虛和不安。她無法直接罵馬克．祖克柏，但可以罵男友你。阿茂向店家借到了充電器，奪命追魂簡訊果然殺到。他正要回訊，我搭著他的肩膀，「不要告訴女友你來見我時，電話沒電。」

「為什麼？」

「因為你應該是在還沒出發來見我之前，就已經報備了。」

「那要怎麼辦？」

「就說你去買禮物給她，電話剛好沒電。」

「蛤？我沒要買禮物呀？」

「你現在有需要了。」

一日不訊，就此罷休？

古說「一日不見如隔三秋」，今有新解，即是你一天沒有來訊息，等於三年沒見到你，左三年右三年，到第三天等於七年，法律上已經可以當你死了。所以你玩失蹤三天後，發現女友已另有新歡，怨不得人。這是真有實例的，布先生託詞工作忙碌，和女友口角後兩週無音訊，用上面那個算法，等於超過四十年。他不只算死了，還投胎了。驀然回首，女友已經和別人定終生了。

別埋怨。時代不一樣了。八〇年代出生的朋友大概沒有經歷過前網路年代，那些沒有手機的日子。當年啊人在外國，書信往返耗時兩週，一通越洋電話是幾百塊的事。中間沒有消息的日子，以思念填滿。太滿，就讓它溢成筆墨。每日早晚打開信箱查郵件，是說四四方方的實體信箱，不會嗶嗶通知有來信的虛擬電郵信箱。

我這個年齡的經歷過書信年代，深感其變化。變化沒什麼不好，通訊方便廉宜，把人和人拉近了，即便天涯海角，也還有視訊通話。於是，現代人已不習慣……

思念。

你不認同嗎？傳個「I miss you」給對方，就是思念嗎？那充其量只算「想起」對方而已，對方回個訊就解了你的「思念」之苦了，前後十秒鐘。如果這算思念，那麼現代已把這回事重新定義得十分速食，甚至連打「I miss you」都嫌囉嗦，「imu」就表達了，一個罐頭emoji（表情符號）就表達了。若十秒鐘沒有回覆，對方就懷疑你不重視她了。

這是無法埋怨的，時代已經是這樣。女人是尤其需要被關注被關注被關注（很需要所以講三次）的動物，發明了簡訊這東西簡直是恩物。偏偏男人往往追不上女人的需求，尤其年紀稍長者如布先生，被判了死刑都還不知道犯了什麼罪，完全不值得同情。我們本來就不愛說話，打字也懶，想念說一次還不夠清楚嗎？女人記憶短如《海底總動員》裡患了失憶症的多莉嗎？真不明白為什麼要像吃藥那樣一日三次啊！怎麼辦呢？我建議的辦法就是利用她們自己的武器反擊——emoji。你準備一批夠可愛的，七、八個吧，有事沒事都傳一下，回覆她們的「imu」也用這批，你就完全不傷神，一點就行。你需要七、八個輪流使用，對方才不會輕易看出你在敷衍。無疑你的確是在敷衍。

至於思念這回事，真的，已經不復存在了。

怎樣請女人閉嘴？

男人有時需要安靜獨處，但女人任何時候都需要講話，任何時候，任何。這本來不是大問題，有點修練的男人已經練就一貫神功——左耳貫右耳，再厲害的可以噢噢啊啊地假裝回應，但一個字都不留在腦際。問題是，女人總覺得男人應該和他們一樣能講話，一遇到男人安靜或回應敷衍，就以為男人隱瞞什麼，然後抓狂，又講更多更多話。如果男人的燃點低，稍微顯露不耐煩的神色——噢，你不耐煩，你變心了，你發飆，你不疼我，哇，吵架，上吊。

據說這男女間的不同，是有科學根據的。你身邊如果有十來歲的小朋友，找個男生和女生來問問：今天在學校如何？女生會從和朋友的對話講到老師的衣服，男生只會跟你說兩個字：「醬囉。」（「囉」還是語助詞，不算一個字。）女人們啊，我們的言語能力發展到十歲就已經淋漓盡致了，就只有醬囉，你要再多沒有了。你別看我在台上、在人前眉飛色舞、談笑風生，那是工作所需，那是表演，回到自己的時間和窩裡，我還是選擇沉默如石。

還是你要我把你也當成工作？當成看我表演的觀眾？可以啊，那我表演完後只好離家找酒吧，去那裡自己安靜一下。

要解決這種誤解，最好的辦法只有趁早溝通。在愉快的氣氛裡，找機會說明男人對安靜的需要。通常不成熟的女人會反駁：那我說話的需要怎麼辦?!那很容易，我需要安靜的時候不過是偶然的一兩個小時，其他時候還是可以說話，算起來你有賺了（充分利用女人貪大減價有賺的心態）。

男人也要妥協一下，通常我們需要安靜的時候，連「我需要安靜」都懶得說，但你還是得誠懇、甜蜜地對女伴表達一下，假裝也好，至少換來幾個小時的安寧，值得的。要特別注意的是，你過後還是要盡男人的責任，聽女人說話。至於要不要暗地裡使出一貫神功，那是你的事了。

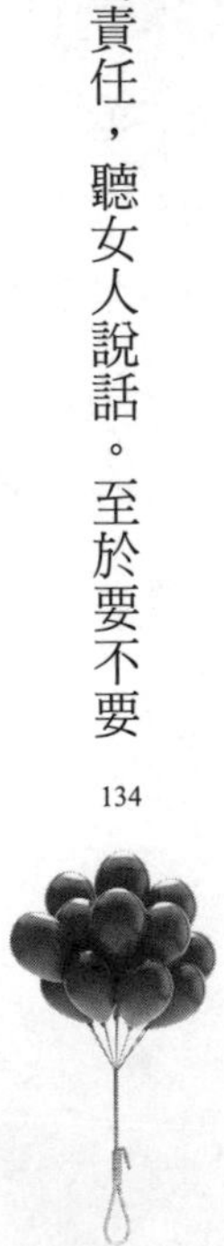

不work的。放棄吧。浪費時間罷了。

遠距離「信」愛

我所謂的遠距離「信」愛，便是戀人長時間兩地相隔，靠信息保持聯絡。我所定義的遠距離，是指長時間無法相見。如果是在遠地工作，每週還能見上一面的，不算遠距離戀愛。我知道通訊科技非常進步，可讓人隨時用視訊通話，但那也只比文字、聲音強一些些。兩個人相處始終必須要有時間同處一空間，溝通不是平面文字或框框內的影像可全面達成的，你還得能看到對方的肢體，看到他對框框外事物的反應。兩人不在一起，任何科技都只能傳達片面的訊息。

兩地相思，這思念有兩種發展方向。一、愈來愈淡，一來因為溝通機會有限，二來現代的誘惑太多。兩人在各自的社交圈必會遇到更多有趣的人，距離遙遠，要建立信任也很難。逐漸地，關係便無疾而終。另一可能是思念愈來愈濃，但未必是好事。距離能增加想像空間，兩人相處少了，摩擦也就少了，滿心以為對方就是和自己最契合的人。要知道，吵架也是溝通，每天只有公式的噓寒問暖、甜言蜜語，那是十分虛無的關係。到最後兩人終於再見面的時候，才發現對方原來是怪獸，下場還是分手。那不如早一點分手，少浪費時間。這就是我的經歷，當然，怪獸是我。

當年我初和女友交往不久便得出國留學，臨行前夕，兩人哭掉一整盒紙巾。那些年還沒有手機，長途電話費是天價，書信是手寫的，往來費時至少一週。在外國時我很宅，卻也難免對美眉同學心猿意馬，但因為文化、種族等等限制，什麼事情也沒有發生，但重點是，那些沒有發生的事是絕對有可能發生的（而且我很後悔沒事發生）。回國以後還和女友一起，算是成功的遠距離戀愛例子嗎？分手，是兩人相處以後的事。我在想，如果沒有這段遠距離關係，或許兩人更早就分手了。

假如你真的打從心裡認定他就是對的人，卻又必須分開兩地呢？請重讀本文第一行。如果你還要堅持，也不是完全沒辦法。我有一位朋友且稱他作「情聖」，因為他的所作所為當之無愧。情聖心儀的對象在外國，他每星期來回飛行八小時去見她。情聖不惜燒錢把遠距離盡可能拉近，誠意爆表足以融化冰山。能這麼做，遠距離就不再是遠距離了。

後來，情聖還是失敗，但這至少不算是遠距離戀愛失敗，而是相處後才失敗。如果你沒有情聖那麼多錢燒，怎麼辦呢？請重讀本文第一行。

至於遠距離性愛，咳咳，做不到的事就沒什麼可談了吧！

不work的。放棄吧。浪費時間罷了。

不怕死就交出手機

每次阿村找我喝酒，我就知道他和女友間出事。這回，他的額頭貼著ＯＫ繃。話說雪莉和阿村小吵後原本和解，雪莉大概是要看阿村到底有多坦誠，遂向他要手機查看。阿村雖說有著花花過去，但我知道他對雪莉是十分認真的（其實他對過去每一個當下都認真）。阿村就大方解鎖，把手機遞給雪莉。

「你笨死了。」我翻白眼。

「手機剛換新不久，沒存很多訊息。」阿村無奈地喝了口酒。

「哎呀！我不是說有沒有祕密的問題。你先繼續說。」

雪莉查看訊息紀錄，滑呀滑的，略過所有雄性生物，遇到不認識的雌性就嬌嗔地問一下，阿村始終氣定神閒。突然，他發現雪莉的眼睛瞇成一條線，烏雲驟來雷聲隱隱。阿村背脊轉寒，彷彿死神在背後經過，用鐮刀搭了一下他的肩。「兄弟，想死的時候叫我。」

雪莉翻轉電話，阿村看到他和小薇的聊天紀錄。此時，阿村的狀態是大惑不解。阿村一臉不平地掏出手機給我看，螢幕是碎裂的。「你評評理，這有什麼問題？」

「怎麼裂了？」我問，男人通常先關心手機。

他指指額頭。「我問雪莉，怎麼了？話一說完，手機就飛過來。」

手機重重掉到地上，四周的食客都看過來。阿村昏了一下，隨即撿起手機查看，好在螢幕碎裂沒有影響操作，還讓他看到那些「致命」的關鍵詞句：「想念你」、「寂寞」、「饑渴」之類。

我仔細看了看內容。「其實沒問題呀！都在開玩笑罷了。」我知道阿村和小薇沒有過去也沒有曖昧，只是好朋友。男生對較熟悉的女性好友偶爾會語出輕浮，其實無傷大雅，彼此之間也不一定會發生什麼關係。但不明就裡的雪莉不會這般詮釋。醋罈子一打翻，醋酸味就侵蝕理性，阿村怎麼解釋都死路一條。

「我怎麼解釋她都不聽，站起來就走！」

「真要補救，快快把小薇從通訊錄刪掉。」

阿村面有難色，我繼續勸：「你先知會小薇一聲，她會明白的。朋友會講道理，女朋友不會。」

「噢對了，你剛才說我笨死了，為什麼？」

「不管你有沒有祕密，都不該把電話奉上啊！這是對自己隱私權的徹底妥協。我覺得兩人相處，一開始這些界限就要設定好，無謂的問題少很多。」

阿村靜靜喝酒，若有所思，大概後悔莫及。

後來他再約我喝酒報告進展。「刪掉了小薇，果然就比較容易和雪莉和解囉！」

「那很好啊！手機修好了嗎？」男人通常先關心手機。阿村掏出手機來給我看，就像新的一樣。忽然，聽到嗶嗶一聲從他口袋傳出。

阿村掏出另一台手機檢查訊息，瞄了我一眼。「我現在用兩部手機了。」

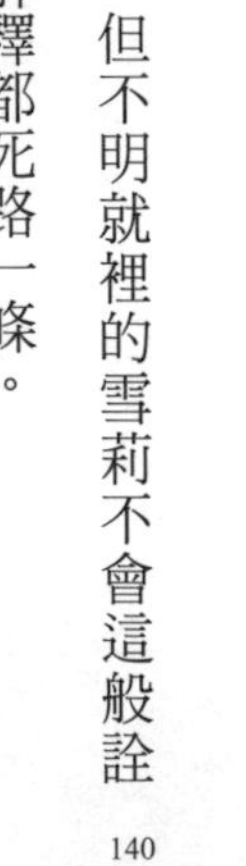

女人說接受你的過去，你要不要告訴她全部？

年輕朋友阿村正熱戀，兩人認定對方就是相伴一輩子的人，必須坦誠相對。

村：「我之前有過十七、八個女友。」

女臉色一沉。「那麼多？」

村：「有的也不過幾個星期，幾天也有。」

「幾天的叫一夜情了。」女冷冷地說。

村哥還不察有異。「不算。一夜情另計，不過不太記得。」

然後女友就發飆了。蠢死的阿村還辯解，說每個人都有過去，不是說好要坦誠相對的嗎？

「坦誠相對」是個大陷阱，對男女都一樣。上面那個真實故事，角色對調結果也一樣的。對長遠關係來說，坦誠是好事，但醋勁永遠都是最真實、最有殺傷力的。愈在意對方，醋勁愈狠，過去的也好現在的也罷，一發就是不可收拾。這問題沒有答案：明知對方會生氣，還要不要「坦誠」？

有一個交心的對象，當然希望互相接受，包括過去現在未來。但男人應付女人發飆的功力有限，恐怕吵架決裂收場。那麼，隱瞞是不是比較好呢？話說慢一點，凡事出口之前，先修飾一番。但是啊如果真相都必須修飾，這個交心的對象，還是不是真能交心的對象？

現實就是這般無奈。不過故事後來的發展，可能帶來一些啟示。兩人大吵三百回合後，村仔又跪又哄的，終於和解。女方情緒平穩後（重點），很欣慰村仔能夠信任她，兩人關係似乎更為親密。

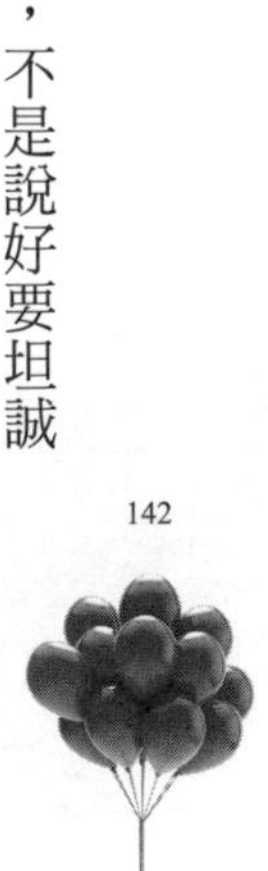

有一晚和阿村喝酒，問及此事。「死仔村，你女友知道你的花花過去後，沒有問題嗎？」

「很好啊，對我很信任。只是常常用這個話題酸我、放話，比較刺耳。」

「你後悔告訴她嗎？」

「沒有後悔啦，幸好我沒跟她說其實是三十六個。」

（註：

——你的男友我不認識，肯定不是阿村。

——如果是，我一定會坦誠告訴你的。）

和女人說祕密

多年後和舊友茱迪敘舊，談起一故人時，我向茱迪道謝：「還好你告訴我原因，不然真不知道為什麼當年小藍和我絕交。」

當年小藍和我本來交情還不錯，突然就把我列為黑名單了，再也不聯絡，經過多年我都弄不明白原由。後來茱迪告知，才知道是因為小藍的男友非常討厭我，討厭的原因很簡單，他以為我喜歡過小藍——都是子虛烏有的事。如果她男友認識我，就不會有這種誤會。小藍為了維持和男友的關係，只好把我砍了。

茱迪神情大駭。「嚇？那麼祕密的事，我怎麼會告訴你？是我說的嗎？」

呵呵，肯定是。首先，既然是那麼祕密的事，小藍幹麼要告訴茱迪呢？既然是那麼祕密的事，茱迪怎麼又告訴我了？

女人是情緒的動物，是生產情緒的動物，是巨量生產情緒、又無法儲存情緒的動物。這些情緒可以是難過、快樂、頑皮、好奇，總之一定要宣洩。小藍把難過告訴了茱迪，茱迪裝載了這祕密又變成了頑皮，心癢癢地找機會說出去，後來遇到我就巴拉巴拉地說了，連說過祕密也忘記。

我從女人口中知道了哪個朋友在劈腿、哪個人分手因為男友器官不行、誰和誰整過容等等。反觀我的生死之交，黑道的，男人，無論我怎樣追問他都不肯透露半點關於他「業務」的事情。你明白了為什麼特務電影裡頭的主角是詹姆士．龐德，不是茱迪．龐德。話說壞人捉了茱迪．龐德正要嚴刑逼供：「快把你們軍隊的部署說出來，否則我這把刀就——」茱迪．龐德馬上打岔：「我跟你講呵你不要告訴別人……」

我懵懂無知的年輕歲月中也曾和女生說過私密的事。後來有一天，一個女生跟我說：「我告訴你一個祕密，你別告訴別人喔！這樣這樣那樣那樣……」

我翻白眼。「誰告訴你的？」

「阿珍囉！」

「阿珍怎麼知道？」

「阿蓮告訴她。」

「誰告訴阿蓮？」

「不知道了啦！」

「大概就是阿蘭，是阿蘭告訴阿蓮的。」

「你怎麼知道？」

「因為這個祕密是我的事，是我告訴阿蘭的！」

女人出軌，男人不會發現

女人出軌，男人是不會發現的。我至少聽過三個身邊的故事，女人在外有新歡，男友、丈夫還被蒙在鼓裡，女人要分手說不出口，最後還要故意留線索讓男人發現。

再次證明男人一點也不細心。

男人在一段關係裡頭，會變得很安逸，英語說的take it for granted——女伴洗衣煮飯變得「理所當然」。以前男人可能還會偶爾送禮聊表心意，後來連謝謝也懶得說。女人是極需關注的動物，你看她們沒人關注時就自拍上網引全世界關注就知道她們有多需要被關注被關注被關注了。男友關注度不夠，外頭出現了關注她的人，自然把她吸引過去。

我保證，這是非常容易發生的，我的好友阿村專搶別人女友，常常在酒聚的時候吹噓他的戰績。此人不高不富不帥，屬矮窮醜類（Sorry阿村，你是），他的招數不外乎聆聽女人對男友的控訴，然後煽風點火、火上加油，然後再補給女人缺乏的關注，很快地女人就提分手和阿村交往。

男人還有一項特長，叫做逃避。就算他發現了蛛絲馬跡，很容易就說服自己什麼事都沒有，就為了省掉對質的衝突，得過且過。即使他在自家床上發現用過的保險套，他會先想：「哎呀怎麼我忘了丟掉……」

「咦？我向來都不用的呀！」

然後他會想一定是家裡進賊，有兩個，一男一女。一定是偷東西時發現自己收藏的A片，順便看看，就演變成這樣。他會先清理乾淨，再打電話給保全公司要求給保全系統升級。女友回來了，他告訴她家裡進賊。女友說：「不是……其實——」

他會打斷：「啊！難道是鐘點女傭帶男人回來！」然後打電話給清潔公司投訴。

總之能保持現狀，就盡量避免改變。一直到女人忍無可忍，攤牌避無可避，男人才以受害者之姿分開。

沒有人願意關係演變成這樣，但男人的粗心卻是改進不了的。我想唯一辦法是得勞煩女人放下身段，適度提醒。直接的言語溝通最有效，不然撒撒嬌也能表達自己需要關注。

女人是追求穩定的，如果出軌，多是男人直接或間接逼成。這回真沒辦法幫男人說話。

我（不）是攝影白痴

我一直是攝影白痴，最怕女生叫我幫忙拍照。有一次，幾個女生逼我，我勉為其難拍幾張。

她們看著照片皺眉。「怎麼拍得那麼難看？」

我就說：「你們長這樣，我也很為難。」

此後，她們就再沒有叫我拍照了（基本上永遠不想再見到我）。我本想進步些，買了本《Digital Photography for Dummies》，但翻了兩頁就讀不下去。

有一回碰到一個美女，又請我幫忙拍照。我說不要，解釋說：「我是可以把林青霞拍成沈殿霞的人，你確定嗎？」

她笑笑點頭，我就姑且再一試。我向來是隨手瞄準了就按鈕，看得到人就好。這回，我稍微耐心些，找一找角度、留意一下光線，覺得構圖還行時才按下快門。

她看了成品，居然說拍得還不錯。我當然不信，只覺得她很有禮貌罷了。「真的嗎？難看你可以直說，我是攝影白痴。」

她說真的還行，當然不是專業水準，但不至於難看。我突然有所領悟，聯想起以前讀過的文章，作者是汽車白痴，有一回車子拋錨，當時無人能及時援助。他打開引擎蓋細心觀察，過了一陣，靈光一閃，明白了問題的癥結，一會兒便修好了車子。作者說，很多事情並不是我們不會做，而是沒有用心。像我吧，習慣把自己認定為攝影白痴，拍照從來不投入半點心思。其實只要用心一點，還是能拍出合格的照片的。

同樣的道理，還有許許多多的事情，先不要否定自己，用心做做看，也許都能做出好成績的。

我又有動力要把那本《Digital Photography for Dummies》讀完了。拍照好一點，照片賞心悅目一點，Facebook、Instagram世界又美好一些。

就算下次再被逼拍那幾個女生的照片，也不會太為難觀眾。

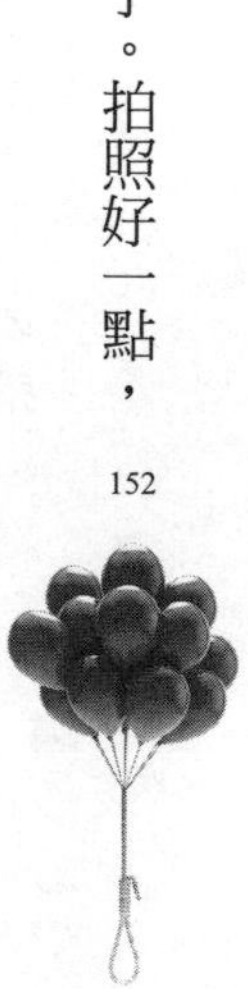

女友整容整形，你ＯＫ嗎？

大多數的人有「崇尚天然」情結。吃要吃有機，用要用天然。連洗手液包裝上貼個「自然」標籤，居然也有人相信，多買幾瓶。來到人的樣貌，大家的態度也一樣，對整形俊男美女的說法總是：「哎呀不是本來面貌，他整過的。」

天然有什麼好？蚊子蒼蠅都天然，蛇蠍的毒液很天然。有機農耕是效率奇低的，只靠它全球人口餓死一半，而基因改造農作救人無數。說「天然」的產品沒有化學成分？無論什麼東西都是化學成分，只是現代工藝進步了，不必再依賴大自然生成，我們可以自己製造。救命的藥物就是化學產品。天然未必無害，後天改良也未必不好。我們老擔心人類智慧有限，不該隨意地去改動自然界的元素。我覺得這是很白痴的態度。

比方說，我們懂得基因改造農作的技術細節嗎？不懂，因為我們不是專才，但農學家是。他們不是看今天心情不好，就隨便改兩個基因種出怪獸香蕉，所有成果都經過長久試驗和精密計算。我們知識有限，科學家知識也有限，但在他們的領域中限度比我們高很多很多，也沒幾個神經病科學家會故意做出怪獸香蕉毒害全球人類。就算真有幾個神經病的，在這網路時代很快就會被發現，怪獸香蕉賣不出去的。

假設你現在勉強打破這天然情結，相信天然未必最好，接受後天改良，我們再來談整容。以前老天要你長成什麼樣子，你非認命不可。但如今科技成熟了，一個人可以有限度地改變容貌，又有什麼不妥呢？某人希望自己雙眼皮、鼻子高一點、臉瘦一點、皮膚白皙一點，整形科技大概都能有效辦到。整形以後，他變得悅目了、更有信心了，他這後天改良的臉面，比先天更好，那麼旁人為什麼還要用「非天然」的理由批評呢？我管他Angelababy的臉是天然還是後天，總之看了好下飯。

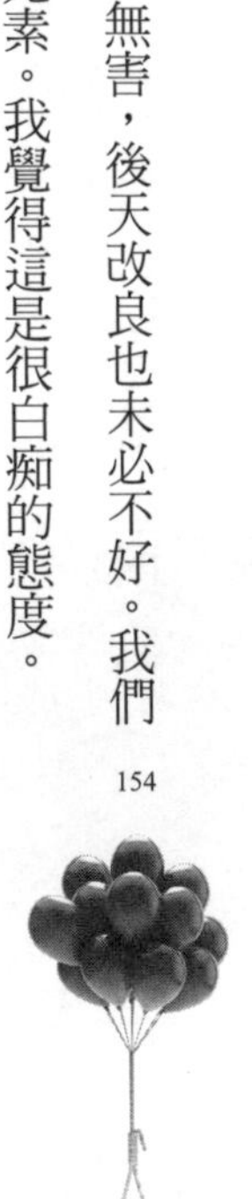

我卻不是鼓勵整形，還相當反對，但不是以「堅持天然」為理由。

第一，樣衰大多時候因為人衰，相由心生，賤人就算整到金城武的水準，還是惹人生厭。

第二，因為外貌而自卑的人，通常不只是因為外貌，肚裡墨水本來就不夠，所以整形只是治標。

第三，整形的審美標準還不是依照大眾標準嗎？「創作」出來的成品，還是抄襲的，最後只能「像某某明星」，沒有特色。

第四是風險，在臉上施刀用藥的，難道不怕？不過這還是我個人無知的恐懼吧，整形醫生應該有其專業知識和操守。應該。

要整形就整形吧，整容無罪，美麗有理。其實如果你人賤，我更希望你整形，哪天有誰一拳打在你那張昂貴的臉上，比打在天然的更讓人痛快啊。

後記：文章寫好後，途經一廣告看板，推銷「自然微整」。只是「微微」整一下，而且是「自然」的喔！哼，哈，哈哈，哈哈哈！

素顏和隨地吐痰同罪乎？

化妝形同說謊，這是我少時的觀念。如果本來面目不是那個樣子，刻意美化難道不算造假嗎？現在，我動搖了，不知對錯，因為對「謊言」的價值觀已經進化，不再是當年那回事。

我寫過，說謊很好。真話往往太嗆，用糖衣包裝一下，世界更美好。少時看少女，青春無敵，誰需要化妝呢？但有兩股力量在持續撼動那種清純的美：一是歲月，二是充斥四周的美圖。無論男女，過了二十五就開始腐爛，你想看滿城喪屍遊

走有損市容，還是多幾個雜誌美女點綴點綴呢？再者，媒體發達，那些加工的臉孔和身材不斷影響我們的審美觀，要求不自覺地提高，儘管那些都不是真實的。

而女人呢，要競爭比美的對象不再限於身邊女人，還有大量美化的圖像。居然還有人認為化妝是一種禮貌了，那意思是不化妝等於隨地吐痰，就不文明了嗎？

化妝和文明在歷史上幾乎同時發生，據知六千年前古埃及人就開始畫眼線、眼影，此後全世界沒有停止過，歷史是一場龐大的化妝舞會。中國人說「女為悅己者容」，一直到後來「女為己容」，不為誰了。十八世紀流行的紅、白色化妝品含鉛，以致有人中鉛毒而死，我幫「大馬爵士樂皇后」Janet Lee專輯《Cinnabar Rouge辰胭》創作的文案：「辰砂有毒，胭脂是癮，我們都迷醉在時間嫣紅的迷宮裡」，名字所指正是這種致命胭脂，當真是「要美不要命」。

前年有一則「悲劇」新聞，某中東男結婚翌日不只要離婚，還控告妻子精神傷害，因為他醒來第一次看見妻子素顏，還以為竊賊入屋。現今化妝技術之神，很叫我這種門外漢嘆為觀止。瑪麗給我解釋，大多數的男人根本分不出淡妝和素顏，憑什麼說崇尚素顏哪？一般男人總以為化妝等於濃妝豔抹，事實並非如此。她親身示範了一次「素顏妝」，我原是看過她素顏的，但她淡妝出現的時候，哎喲我的媽呀！我就只覺得她比平常好看，那些粉底、眼線、睫毛膏我統統探測不到。然後她一卸妝，又變回哎喲連我媽也不如。想來那個「可憐」的中東男，就是像我這種妝素難分的男人。

那麼，為什麼男人又不需要化妝？社會就是這樣地不平等，男人就是沒有這樣的壓力，除非攝影或上電視，化妝反而會被恥笑。雖然我不排斥化妝了，市容美化些沒什麼不好，但依然崇尚素顏，自然也沒什麼不好。任何的妝扮最終總要卸下，沒什麼比美麗的靈魂更重要、更有魅力的了。

吳孟達與周潤發

我發現吳孟達和周潤發年齡只不過相差三歲多時，大吃一驚。再留意身邊朋友，有的年近五十，看起來比我年輕；有的三十出頭就已經像人瑞。問一問原由，原來再簡單不過，有保養和沒保養的差別罷了。女生愛美，自覺青春易逝，會主動保養，男人比較沒有這種壓力，也就通常沒有自覺，到發現需要保養時，已經是吳孟達，難救了。

外觀，是很重要的。人是視覺動物，如果你看來年輕有活力，旁人自會對你有多幾分欣賞、多幾分信心，說的不只是吸引異性，在工作方面也有幫助。而且外表的衰殘很可能反映著身體的衰敗，就算你真的不在意外表，健康總要照顧吧？

男人工作奔波，壓力大，可以老得很快。以下四件事，做好了才可能青春常駐：

第一，運動。你做到這項，其他的少做些都沒關係。運動的好處不必贅述，強化全身機能，自會看來年輕。運動最大的敵人就是懶，我對抗懶的辦法是：把運動變得非常方便，並且當成遊戲。介紹你用「Freeletics」app，不需到健身房、不需要工具，哪一天該做什麼運動，統統為你安排妥當。在時限內完成體操還能得分升級，像遊戲一樣。

第二，飲食均衡。算卡路里是很麻煩的，注意食物的分量須大約等於一個拳頭就好。我覺得餐廳的食物分量往往過多，吃完總是很撐，其實點「一人」分就夠兩人吃飽了，省錢又瘦身。此外，少油、少鹽、少糖、少澱粉，大概就不會白費你辛勤運動的功夫。

第三，護膚。我以前一直以為這麼做很娘，護膚品是騙人的。後來試用，發現

真有效果。每天洗臉、保濕、防曬，這樣的基本功夫不會花超過五分鐘，何樂不為？皮膚肯定只會日漸變老，你要老得快些還是慢一些？

第四，運動。是，還是運動，這是最重要的，也是大多數人聽不進去的，所以要講兩次。

就算你現在已經是吳孟達了，也不必絕望，馬上開始保養，至少不會繼續迅速退化下去，變成一團皺巴巴的衛生紙。

金斧頭、銀斧頭和Angelina Jolie

其實男人並不是存心說謊，他們只是把事情合理化。我講一個故事，你們就明白了。

有一個貧窮的樵夫在河邊砍柴，不小心手一鬆，破斧頭掉進水裡。他慌了，哭訴：「沒了斧頭，怎麼討生活呢？」

河神聽見了，現身想幫助樵夫。他變出一把金斧頭，問：「這是你的嗎？」樵夫說不是。河神變出銀斧頭，樵夫搖搖頭。後來河神變出破斧頭，樵夫高興地說是。河神說：「你真是個誠實的人，三把斧頭都給你了！」

樵夫把事情告訴老婆，賣了金、銀斧頭，生活好轉了些。一日，老婆跟著樵夫去砍柴，想看看會不會遇到河神。樵夫習慣了獨自工作，轉身時一不留神把老婆撞到河裡去。他哭訴：「沒了老婆，怎麼活呀？」

河神出現了。「又是你，怎麼整天掉東西呀你？」他施法變出一個女人，竟是安潔莉娜．裘莉（Angelina Jolie），而且衣服穿得很少。他問樵夫：「這是你老婆嗎？」

樵夫遲疑半晌，一咬牙，說：「是！」河神驚訝地問：「咦？你不是挺誠實的嗎？怎麼說謊了？」

樵夫搖頭嘆息，說：「唉，我是逼不得已。如果我說不是，你就會變出林志玲，然後又變出我老婆，三個一起給我。我是個窮樵夫呀，哪裡養得起三個女人呢？給我安潔莉娜．裘莉也只好認命了！」

後記：這故事是我聽來的，我只是個誠實的樵夫。

說謊真的比較好

男人說謊，是女人逼成的。

男人說謊，不是道德問題、不是兩性問題，和交警貪汙一樣，是經濟學問題。

假設有人超速駕駛被攔下來，當下他有兩個選擇，一是接受罰單，過後繳交幾千塊的罰款；第二，付小額賄款馬上解決。後者顯然是最有效率的辦法，人總會往抵抗力最低的方向走去。

假設你要做一件無害但女伴不認同的事，比如約豬朋狗友打牌吧，你要坦誠

嗎？「我待會和阿狗他們打牌啊！」

你覺得下場會是哪一項？

A.她說好，沒問題。
B.擺臭臉，把整條溝渠掛在臉上。
C.等你出門時放狠話。
D.你出門以後在Facebook放狠話。
E.在你打牌時用簡訊放狠話。
F.你回來以後放狠話。
G.冷戰到你掏腰包買禮物道歉為止。

正確答案是H：以上皆是。保證你玩什麼都無法盡興。

就算她說過偶爾和朋友一起消遣，是無所謂的，你報備便可。但只要這始終是她不認同的事，A到G就一定會發生。

那麼，請問你要坦誠，還是只說：「公司加班」？

女人永遠學不懂，有的事情男人是必須要做的，就算看起來毫無益處。撒個謊，你可以和朋友無壓歡聚，玩個不亦樂乎，回到家她還得感謝你在外辛勤工作，賺錢給她花。她不用承受情緒波動之苦，你也不用承受她情緒波動之苦。這不是省卻很多麻煩嗎？不是非常符合經濟效益嗎？

女人要你坦誠，其實她們不知道自己根本沒想聽真話。女伴問你：「我胖了嗎？」你猜她要聽什麼答案？如果你說沒胖，你只是勉強合格。正確答案是：「胡說！怎麼可能！你永遠都是全宇宙最美的。」

她們只是要感受良好，你何必告知真相，破壞美好的幻覺呢？如果女人真心誠意希望男人說真話，又怎麼會在每次我們說真話以後，讓我們生不如死？

所以，男人說謊真的比較好，重點是不要被抓到，否則Ａ到Ｇ會十倍上演。

怎樣撒謊不中招，下期分曉。

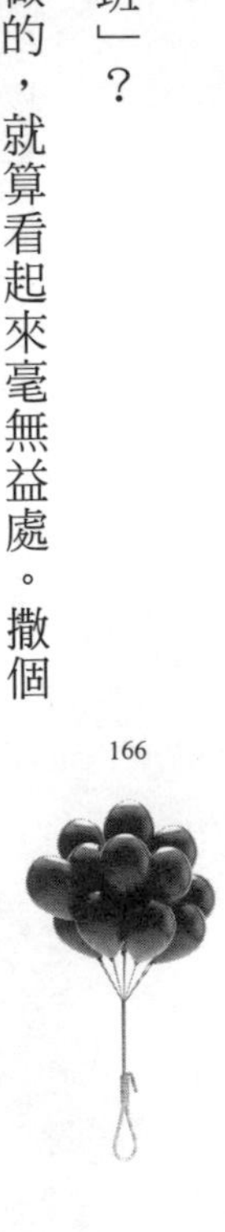

怎樣說謊最有效（一）

男人說謊，女人幾乎一定捉到。為什麼呢？

首先，既然是捏造的事，你就得動用腦子的創意部門。這部門平常很少運作，工具都生鏽了，動起來咿咿呀呀的。於是你說話的速度比平常慢半拍，回答問題時停頓比較久。另外，因為心虛怕被識穿，會不自覺地想加強信心，說話大聲了點，肢體語言誇張了點。這些都是微小的訊息，本來不容易察覺，但女人看東西和男人不一樣。

據《男人來自火星，女人來自金星》作者約翰．葛瑞說，男人只能集中看一個點，可能是因為從原始時代打獵時緊盯獵物訓練而來。女人則不同，能一次吸收畫面所有訊息在腦子裡全面分析，那些微小訊息統統綜合起來，探測謊言的警號燈便嗚嗚響起。就算當下女人不肯定那是謊言，暫且放過你，以後還是能發揮超人類記憶力舊事重提。因為你說的事情是捏造的，很難進入你的長期記憶，你若前言不對後語，就中招了。

那要怎樣說謊才比較有效呢？首先，你要解決反應遲緩和心虛的毛病，最好的辦法是——連自己也騙了。這裡得透露少許魔術師「錯引」的祕密：你必須相信，觀眾才會相信。魔術和戲劇一樣，都在呈現故事，要讓觀眾投入相信。魔術師肯登．納伯（Kenton Knepper）在魔術課程「Wonder Words」裡教導台詞設計技術，必須「繪聲繪影」，把畫面形容得立體鮮明。

比方說，女友問你剛才去哪，你不想她知道你和豬朋狗友打牌，說：「去見客戶了。」如果她收貨，那就算了。但如果她追問細節，你要能夠答：「哎喲我沒見過那麼胖的人，走路好像要滴出油來。他還點了一大盤牛排外加薯條，都不知道要怎樣向老闆報公費。很好笑的是，吃到一半他老婆還打電話來，叫他少吃一點。還好後來成交了，大概老闆也不會罵我。他走的時候我看他上那輛Mini，真擔心他卡在車門邊。」

要做到這個層次，先要騙到自己。在見女友前先在腦海裡演習幾次，讓自己經歷和顧客吃飯的場景。到你需要撒謊的時候，你已經不是在「撒謊」了，而是在說一件剛經歷的事。所以，那些可能背叛你的微小訊息，都減到最低，有機會逃過女友的法眼。（不是絕對喔！）

這是魔術師、演員的功夫。還有更高層次的謊言設計：不用說的，讓女友自己騙自己。下篇再談。

免責聲明＋警告：技術是這樣，用不用是你的事。就像我賣刀子，你用來切菜還是傷人，是你的事。天底下唯一不能修補的東西，是信任。要說謊，就要做好換女友的準備（未必不是好事）。

怎樣說謊最有效（二）

李老闆和祕書開房睡過頭，有三十幾通未接電話。祕書慌問：「你不是約了太太吃飯嗎？怎麼辦？」

李老闆氣定神閒。「沒事。」

他拿皮鞋到外面草地，用力地摩擦。祕書好奇得很。「這是幹麼？」李老闆只是笑笑。

李老闆見到太太時，烏雲蓋日，她大罵：「你死去哪裡了?!」

「對不起，我約了祕書開房，做了幾次太累，睡過頭了。」太太打量李老闆，看到那沾滿草屑的皮鞋。「你還敢騙我！明明是約了豬朋狗友打高爾夫球去了！」

上面這個老笑話，蘊含說謊的最高境界，也是魔術師「錯引」功夫的最高境界，不發一言就讓人自己把自己騙了。

說謊，是要費氣力說服對方相信一件捏造的事。如果對方自行達到結論，那就不費吹灰之力。以魔術表演為例子，我若說杯子是空的，你馬上就會起疑，非要查看不可。但如果我什麼都沒說，只是很自然地拋弄杯子，沒有東西掉出來，你自然就不會覺得裡面藏著什麼，其實裡頭黏著一粒球。說謊有如孫子說的攻城，乃下策，搞不好要流血的。最好的銷售員不賣東西，而是使你想買。

只要對方產生了自己的想法，就不容易動搖。坊間多少相命的都是神棍，用的是魔術最低下的伎倆，但顧客不會發覺，因為他們抱著求助的心態，而不是看魔術表演。我曾經把魔術的祕密原原本本地告訴觀眾，他們還不信，因為在我的引導下，他們以為必是用其他祕技變的。

假設你約了豬朋狗友打牌，抽菸喝酒講廢話，這事女友厭惡之極。回到家，她質問：「死去哪裡了你?!」

你把幾張顧客的名片隨手擺在書桌，一臉厭煩。「很疲倦，洗個澡再說。」

要再加強效果的話，假裝電話響起，你讀了一下，傳個語音訊息：「是的是的，明天一定把報價單傳過去。」

你沒有對女友說半句謊話，但你洗澡出來大概就什麼事都沒了，看看電視吧！

免責聲明＋警告：技術是這樣，用不用是你的事。就像我賣刀子，你用來切菜還是傷人，是你的事。天底下唯一不能修補的東西，是信任。要說謊，就要做好換女友的準備（未必不是好事）。

PART 4

男人什麼東西

為什麼有女生以為自己像男生?!

不只一次有女生告訴我，她覺得自己個性很像男生，都在和男性朋友稱兄道弟（這樣的女人我只好叫「胸」弟）。這樣的想法，必是因為女人不懂男人。到底她以為的「像男生」是指哪一方面？

不是不拘小節就算男生，什麼是「小節」也有待斟酌，男人的隨便不是女人模仿得來。你能不能素顏出門？能不能不梳頭？能不能兩天不洗澡？兩天不換內褲？三個月不換床單？六個月不洗廁所？衣服不熨？三餐吃泡麵？以上沒有誇張，我本人都做過。

不是做事果斷就算男生，什麼叫「果斷」也有待斟酌，男人的果斷有時只為了省麻煩。你能不能餓了看到第一家餐廳就坐下來？能不能在服務生遞上菜單時就馬上決定點昨天前天大前天重複在吃的食物？出發到購物商場前已經決定只買哪件東西？能不能做任何決定前不必對一村人發牢騷、問意見？

不是愛玩就像男生，你不懂什麼叫男生的「愛玩」。你會不會喚車子作「老婆」？奉獻過半月薪裝渦輪增壓器？會不會為了遙控車過彎快半秒天天練習？會不會為了命中紅心天天投飛鏢？會不會花錢建構手機遊戲裡的虛擬國度？能不能連續玩六小時？

不是也愛看女生就像男生，你們看女生沒有男人的「深度」：你會不會遇到每個好看的女人都會想像和她上床？

你和男性上司、同事合得來，不喜歡女同事，不是因為你像男生，正因為你是百分百女人，異性相吸。男人如果看來真把你當男生，只有兩種可能：你讓他完全沒有性幻想，因為你外型嚴重不行；或者，你真的是「胸」弟，靠近你非常舒服。

拜託，不要再說你像男生。你不像，不像很好，女人太美了，像男生其實真的很糟糕。

女人，你以為沒人在追你喔？

茱迪是我一位出色的美女朋友，常常說沒人追（怎麼可能？）。一天，和茱迪很要好的麥克突然向她表白，她錯愕不已。後來我問她，那麥克對你那麼好，你難道一直都感應不到對方喜歡你？

「沒有啊！就是好朋友嘛！」

不只男生，女生也有遲鈍的時候。我本來以為女生特別敏感，只對了一半。她們是敏感沒錯，但只對兩類人特別敏感：第一類，還算喜歡的；第二，非常討厭

的。麥克很愚昧地讓自己掉入第三類：女人。

依我看，茱迪始終不覺得麥克喜歡她，是因為把他看成女人了。男人想追女人又怕遭拒，最安全的戰略就是從當朋友開始。女人不像男人，是完全可以和異性保持純友誼的，沒有幻想、沒有肉欲。久而久之男人成了女人的「閨密」，滿心以為關係能更進一步，處處關心照顧，完全沒有考慮到自己已經被當成女人。

女性朋友間的情誼總是比男人間的親密，常常聊天送禮、互相關心陪伴，是很平常的相處方式。男人之間斷不會這樣，如果哪天有位兄弟送我禦寒衣。「聽說你要出國，那裡冬天，逛街看到這件衣服適合你。」我會立刻懷疑他斷背。

倘若這禦寒衣是男人送女人，那自然就有「追求」的意味，女人會有所感應的。但如果像麥克那樣已被當作女人，他無論為茱迪做什麼事、送什麼禮，都是「閨密」間的自然相處，不算追求了。麥克讓自己掉入萬劫不復的friend zone。

第一類還算喜歡的男人，關係最可能發展開來；第二類非常討厭的，至少知道絕望，盡早遠離。落在friend zone最尷尬，追求也不對，放棄也不是，畢竟兩人是

「好朋友」。

如果你是女生，單身，自認還不錯，總以為沒人追，去看看你的friend zone，肯定有很多男人傻傻跳了進去，游啊游的上不了岸，所有追求的舉動都被誤認為一般女性朋友的相處。去看看有沒有一些你原本覺得還算第一類的，也許給他拋出一條繩子，讓他把自己拉起來吧！

追女進化論

達爾文的進化論大概漏了一章，就是男女進化速度不同，女人似乎進化得比較完全，而男人有好多到今天還很猩猩。

愛麗告訴我樂手甲是怎麼展開追求的，一開場就吹噓自己做什麼行業、收入多麼可觀、開什麼跑車。過後簡訊不斷，都在講自己多了不起，還附上一張腹肌照。

「好遜！」我嗤之以鼻。「這傢伙只差沒拍那個給你看罷了！」

「後來，有……」她說，我們不約而同做作嘔狀。

請問樂手甲的行徑比猩猩好得了多少？不就是捶胸口吼叫，表現自己有多強。這不是特例，別以為這是音樂人的不羈，我聽過某律師乙也做過同樣的事，只差沒露三點。但我還是不得不懷疑，他們會選擇一直這麼做，是不是這種猩猩男求偶術曾經奏效？難道也有進化不完全的猩猩女？

人類求偶這回事，從來沒誰真正教過，大家都在各自摸索。不同對象，方法不一，猩猩男最終配對猩猩女。如果你自認不是猩猩男，要追求進化完全的人類女人，最好用文明點的辦法。方法說不完，但初相處時的幾個原則還是有的：

1.不要自吹自擂，天底下沒有人喜歡驕傲的猩猩。你的長處還是得讓對方看到，但盡可能不要直接吹噓。想炫耀你開名車？那就很紳士地載她一程。你是高收入的律師？就說你怎麼幫一個窮苦的單親媽媽免費打贏官司。你性能力超卓？——永遠不要提！你要有過多少個性伴侶才知道自己超卓啦？真有談到的話，自信地笑笑就好啦！

2.多問問題，猩猩不會問問題表達對女伴的關心，你已經是人類了，真正的聊天大師，會懂得問問題。不是「今天吃什麼」這種瑣事，問題必須要有些深度，能

引發對話，挖掘對方的心思，觀察她的個性，比方說：「為什麼你會選擇這份工作？」「為什麼你喜歡這個牌子的包包？」等等。女人很喜歡說話，問對問題讓她說自己的事就好，即可省些力氣，還可收集軍情。

3.欲擒故縱，只有猩猩才會捉著獵物不放。拚命的簡訊轟炸只會讓人厭煩，不只表現你缺乏安全感，還顯露你是控制狂。無論你有多想念對方，適量表現就好，留一些空間讓對方期待你的問候。不只是你向她追過去，你也得引她向你靠過來呀！

無論任何情況下都不要傳你那個的照片！這，大概不用特別交代吧？

男人幾歲還「行」？

盧克是機師，五十多歲，已婚，孩子有幾個。頭髮已經花白，但常常染黑，此外並不顯老。他英語好得很，且舌粲蓮花，幽默感豐富。我們在賽車時認識，他說他是花花公子，女友成群，我譏笑他：「你還行嗎？」

有一回我們一隊人相約開車上山，先在山腳集合，見盧克帶了個年輕美眉溫妮，態度熟悉但並不親密。我拉他到一邊低聲問：「新女友喔？」他笑笑說：「還不是。」

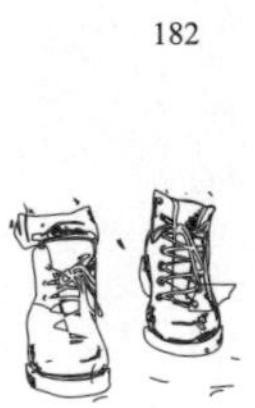

我追問：「在追？當你女兒都可以啦！怎麼可能？」他還是笑笑，一副胸有成竹的樣子，彷彿我這傢伙什麼都不懂。

到山上大夥一起喝咖啡，溫妮當然就坐在盧克旁。盧克打了通電話：「我們現在山上喝咖啡啊，你也來吧！」

不久，一位約莫三十出頭的ＯＬ來到，盧克熱情地介紹她是山上飯店的高級經理露西，讓露西坐在對面。然後，盧克一直逗露西說話，談笑風生，把他的幽默發揮至極致，大夥聊得十分愉快，反倒冷落了一旁的溫妮。我冷眼旁觀，暗想盧克這笨蛋怎可能追女子，這下溫妮必然不爽，要遠離這老頭了。

事過月餘再見盧克，我問起他溫妮如何，他居然說追到了。

「怎麼可能?!」我覺得太不可思議。「Bullshit! 溫妮看你對露西那麼熱情，一定氣走的啊！」

盧克氣定神閒地喝了口咖啡：「露西，是我安排出現，刺激溫妮的。」

我大惑不解，他便繼續說：「溫妮一直遲疑要不要和我在一起，我對露西熱情一點就引發她的嫉妒心，這樣我突然就看起來很搶手。搞定。」

我嘆了口氣：「你這個老奸巨滑，露西無辜讓你利用。」

他輕描淡寫地說：「噢，露西嗎？也在一起了。」

「怎麼可能?!」

「也一樣，嫉妒心。」

這傢伙居然把女人最難搞的醋勁，用來對付女人自己，實在太可怕了。我有點哭笑不得。「那麼，你同時和兩個女人交往，沒有困難嗎？」

他呵呵。「誰告訴你我還和她們在一起？」

我咋舌。「那麼快散了?!」

盧克再啜一口咖啡，露出極其狡黠的笑容。「又是誰告訴你，我同時只有兩個？」

美女的選擇

這是一個真實事件，我的美女朋友阿蓮說的。她在工作上結識一客戶，且稱之阿炳。阿炳顯然喜歡阿蓮，過後簡訊不斷，噓寒問暖之餘，也不斷說他自己的事，阿蓮煩不勝煩。

真是傻子，癩蛤蟆想吃天鵝肉？（並非完全不行……）

人貴自知，癩蛤蟆首先要知道自己是癩蛤蟆，阿炳顯然不懂。他不是高富帥，美女哪有心思理會他的瑣事？就算有高富帥三者之一二，美女的選擇還是多著。我們來分析阿炳所犯的嚴重錯誤。

第一個當然是不知道自己是癩蛤蟆，以致犯了第二錯：激進。

帥哥激進，會讓美女受寵若驚；癩蛤蟆激進，只會讓人大吃一驚，等於急著展示醜態嚇人。你會不會剛認識人就主動告知生活小事？除非兩人很自然地談到相關主題，主動說自己如何如何是很惹人厭煩的。

正確的辦法是找「自然」的藉口，撩起話題。所謂自然的藉口，最好是和對方有關，因此，第一次接觸時就要細心地觀察聆聽。她穿什麼牌子的衣服？開什麼車？用什麼手機？什麼工作？喜歡做什麼事？這些你都不能太刻意問，企圖太明顯對方便會設防。

舉個例子，你看見對方在用Hello Kitty的手機套，便可以問對方是不是喜歡Hello Kitty。這麼巧你最近收到一些Hello Kitty的筆記本贈品，不知怎麼處理，不如送她吧！順利的話，這樣就預設了下次見面了，大概會吃飯或喝茶。

然後趕快去買Hello Kitty筆記本。

第三錯，錯在依賴簡訊。除非你能妙筆生花，否則簡訊文字是很單薄的，聽不到語調、看不到情感，還很容易引起誤會。阿炳用簡訊的理由很簡單，因為他能藏在手機後面，不必直接面對阿蓮的反應。他該做的，是用簡訊安排下一次見面，真正的聊天，而不是用簡訊在聊天！

第四錯，錯在盡說自己的事情——Who cares! 每個人或多或少都自戀，只想說自己的東西，阿炳如果精明一些，他會引導阿蓮說她的事，從中瞭解對方更多。

癩蛤蟆想吃天鵝肉，不是不行，要先學會方法！否則，連癩蛤蟆都未必理會你！

沒有一段關係是完美的

　　車友聚會，盧克見新成員小黃帶著女友前來，長得十分漂亮，笑容可掬。盧克打量了女生一下，向小黃打招呼：「好久不見。」然後似猶豫半晌，對女生說：「嗨！思敏你好！」

「我不是思敏，我是媚兒。」女生回答。

　　盧克一臉錯愕，看看小黃又看看媚兒。「小黃，明明上幾次那個是……啊我記錯！那是老吳的，對不起！」

媚兒嘴上說沒關係，但笑容明顯沉了下去，瞪了小黃一眼，小黃一臉無辜。我不知前因後果，只知小黃免不了要解釋一番。盧克說：「我賠罪啊，這餐我請。」然後開始和小黃聊開，但很快就把媚兒扯進來，變成和她對話。他又發揮他口甜舌滑的功夫，把媚兒逗得笑得合不攏嘴。

我覺得盧克有陰謀，一個月後果然聽說媚兒和小黃分手。再見盧克時，我問他：「你搶小黃女友啊？」

「當然沒有！朋友妻，不可欺。就算和小黃不熟，我也不會做這樣的事。」但盧克難掩狡黠的笑容，沾沾自喜。

「說啦！我又不是第一天認識你！」

「真的，不過，媚兒現在不是『朋友妻』了。」

「你做了什麼？」我追問。

「如果他們溝通良好，互相信任，我哪能一句話就讓女人猜忌？」

「你幹麼老搶別人女友嘛！」

「錯錯錯，你說錯了。」盧克喝一口咖啡。「首先，沒有誰是屬於誰的，何況他倆還沒結婚。好女人很搶手，自然多數名花有主，如果有主的都不要，就剩下草可選了。」

盧克在牆上輕輕敲了個裂縫，再把磚塊挖開，用這麼個洞口開始對媚兒表達關注。儘管嚴格看來，他並沒有做什麼逾越友情的舉動，就是關注罷了，但輕易把粗心大意的年輕小黃比了下去。盧克說：「如果小黃對媚兒夠好，哪會輕易分手呢？」

不管盧克怎麼說，我就覺得他在搶，搶人女友的確是他的專長。基本功夫他說來也簡單，人總有不滿足的地方，沒有一段關係是完美的。只要有對話管道，他會在女生腦中把男友的問題無限放大，再適量滿足她的需求。比方說小黃對媚兒關注不足，那麼盧克就讓媚兒覺得有人待她如太陽系中心。

我問盧克，後來媚兒有和他在一起嗎？他說還沒有突破。我正義感油然而生，想「拯救」媚兒。在某次聚會我藉故向她談起盧克，暗示盧克是花花大叔。不久後，盧克來電對我說：「謝謝你幫忙啊！媚兒和我在一起了！」

「有沒有搞錯?!怎麼可能?!我又幫你什麼了?」
「你說我是花花大叔囉!」
「我明明是要她提防你呀!」
盧克洋洋得意。「要知道，花花大叔是稀有品種，你引發了女人的好奇心，她們就想看看我有什麼能耐，能不能收服我這種浪子。」
難道我真的成了幫凶?也罷，盧克大概只是調侃，反正就算我沒做什麼，盧克還是會有他的辦法。真正叫我不解的是，這傢伙都五十幾了，女人到底在想什麼?

花花大叔的生日行事曆

又一次車友聚會喝酒，花花大叔盧克帶著美女緹娜出席……應該是叫緹娜吧？每一次都不同，名字還真難記得清楚。聊到悶處，我慣性地望了一下手機，看到盧克的生日提醒。

「啊！盧克，生日快樂！」我興奮地祝賀他。當時盧克正喝著咖啡，突然把咖啡從口中噴了出來，沾到我的衣袖。

緹娜見狀哈哈大笑。「哎喲鵬哥，盧克生日在下個月九號啦！」盧克也尷尬地笑著點頭。我不知道自己怎麼會記錄錯誤，於是更新了一下。

待緹娜先行離開後，盧克好奇地問我：「我從來沒有公開生日啊，你怎麼有紀錄？」

我想了一下。「大概是上回一起申請賽車執照時，看到你填寫的表格吧，就寫下來囉。」

「啊謝謝，今天的確是我的生日。」

我大惑不解。「怎麼緹娜說是下個月？」

盧克長嘆一聲，掏出手機，打開一個檔案給我看。那是個表格，有兩欄，左邊是女人名字，少說也有二十來個，右邊是日期。

「我跟每個女朋友說的生日日期都不同。」

我還是不明白，他繼續說：「嘖！理由很簡單啊！每個女人都想和我慶生，擠在同一天，就打仗了啊！」

天底下還有這樣的事情，我忍不住爆笑。「何苦啊你！哈哈哈！」

「有什麼苦？開心得很，大家都開心。我給她們的開心，未來的男朋友全都給不到一半。她們一定會偷偷記住我的。」

可是，這樣的開心，真實嗎？盧克的行為放在世俗標準就是賤男一個，但我看他哄女生的功力，當今世上恐無出其右。「從此過著幸福快樂的日子」這樣的承諾他是給不到了，但也許他真能製造轟轟烈烈的回憶。像玩跳傘，無重下墜的剎那很刺激，懸在空中俯瞰大地也無疑十分開心，但最後總要著陸的。著陸之後，剩下什麼？不也只有回憶？那麼，還要跳傘嗎？

盧克見我沉思，以為我暗自批判他，乾笑一聲。「每個人價值觀不一樣啦。」

「沒什麼，我只是在猜想你真正生日那天，怎麼過？」

「多數一個人，這天剛好讓緹娜纏上。我一年慶生太多次了，呵呵，我生日只想靜一靜。」

我喝咖啡時突然發現一件事。「對了，怎麼名單上沒有緹娜？」

「喔，因為沒打算和她一起到下個月。」

輪到我噴咖啡。

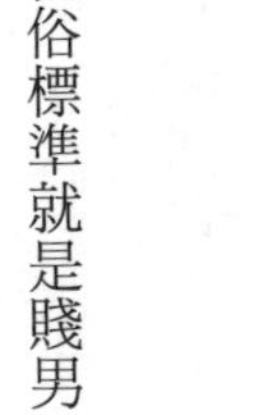

變態不變態？

辦文學活動時，有一位大叔搭訕女性工作人員。他T恤搭長褲，就像一般大叔週末外出的衣著，很普通。他要談的話題和文學無關，先是問婚姻狀態。女生隱然覺得不妥，但還沉得住氣。後來大叔問：「你要不要捐卵子？」女生就覺得被冒犯了。

後來雙方稍有糾紛，男性工作人員介入，大叔解釋說問婚姻狀態是因為在物色工作幫手，已婚女子可能沒時間，捐卵子一事則是幫慈善團體問的。事情雖然過去，但大家還是對大叔留有不良印象。

好，以上情節重演一次，不過想像把大叔的角色，換成金城武。金城武西裝筆挺、風度翩翩地問女生結婚了沒，你猜她心裡的反應如何。然後，金城武先說自己在幫助慈善機構，再問捐卵子的可能。你認為女生還會不會覺得被冒犯？

「以貌取人」這句話，我原以為在控訴俗世膚淺。我以前不修邊幅（現在也沒好太多），總覺得腹中有真材實料便可，不屑以外觀取勝。啊那真是年少無知。有實學固然重要，但你要如何讓人看到你的真本領呢？好在我還算口齒伶俐，尚可舌粲蓮花，但也要爭取到開口的機會才有可能表現。人畢竟是視覺的動物，無關乎膚淺不膚淺，看你順眼了才比較願意聽你說話。倘若我一開始就帥氣逼人，便更有表現機會，說的話不知怎地也會更有影響力。

我學魔術時，老師安森萊也這樣交代，他說觀眾並不認識你，你給他們的第一印象就是你的行頭，一開始輸了印象分，接下來的演出就事倍功半。「以貌取人」原來並非控訴，只是在說明千古不變的真相。既然世情如此，自己對外觀稍加注意便可開啟機會大門，何樂不為呢？我開始注意儀容以後，果真發現出席什麼場合都

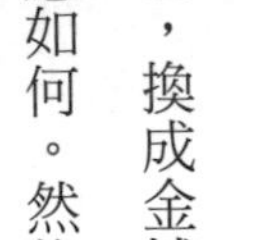

比過往順利。

相貌衣冠沒問題了，接下來便是談吐。不管你多帥，如果一開口就像賣翻版三級ＶＣＤ，還是會讓人退避三舍。還有，說話的邏輯先後要鋪陳一下，便可避免誤會。那位大叔如果把背景先交代清楚，才問那些「奇怪」的問題，大家就不會以為他變態了。衣服可以花錢買，品味卻得學。建立談吐的功力也沒有捷徑，一是讀書求知充實自己，二是自我訓練。日子有功，自可談笑風生。

我覺得如果我今時今日去叫人捐卵子，大概也不會讓人覺得我是變態大叔了。

追女人不是sales，是marketing

我極少關注電台節目，偶然聽到某男申訴在街頭看見女友上新歡的車，於是當街搶人。新歡冷冷對他說，女人已經不愛你啦。女友說，放我離開吧。而某男苦苦哀求結婚，他在電台發問的是：怎樣擊敗新歡？聽眾建議很多，我的是……

先做器官移植，把少掉的那個加上去，先做回男人。

怎麼說呢？士可殺，不可辱。對方已經把你踩成這樣，你還苦苦哀求，尊嚴蕩然無存。就算女人回頭，也只是出於憐憫。男人（其實女人也一樣），是不能活在

憐憫底下的，這樣的關係絕不長久。男人一定要挺直（腰）、站起（來），女人才願意跟隨的。

某男苦苦哀求，那是一個sales的過程，說自己能付出什麼什麼，請你相信，投資你下半生。然而sales只是賣產品的最終步驟，產品也就是某男本人。如果我硬賣你一顆臭蛋，我舌粲蓮花、你煩不勝煩，最後買下。但臭蛋還是臭蛋，過兩天你不是要求退貨就是丟掉。

要順利成交、顧客滿意不退貨，得從marketing的角度切入，全面思考和經營。Marketing的第一個P就是Product，產品要好，窩囊沒出息的男人，能怎麼賣呢？所以請先建立好能力和自信。第二個P是Price，某男顯然是走廉價路線的，付出什麼都可以，只要女友不走。如果女友本錢有的是，誰要買便宜貨呢？如果Product好，不妨把價位定高一點。

第三個P是Promotion，為自己的優良品質打廣告。這不是自吹自擂，而是分享自己喜歡、擅長、有意義的事，在交談中也好，在Facebook也好。比如你喜歡車子，稍稍談及。女人不關心車子沒錯，但她會收到你「買得起」的訊息。又比如你喜歡紅酒，她會收到你「有生活品味」的訊息。所謂促銷不一定就是大減價，變化太多，不一而足。

第四個P是Places，請出去走走，宅在家裡刷臉書無用。去和朋友遠足、去看表演、去老人院幫忙。那樣才有人看到你，好產品會口耳相傳。

Marketing的終極目標，是要顧客來找你，而不是你一直窮追。女人，男人還是要追的，但marketing先做好，事半功倍。

那個某男最後還控訴網友都勸他放手，沒有針對他的問題如何打敗對手，冥頑不靈。不過，我也明白器官移植手術很貴，不是每個人願意。

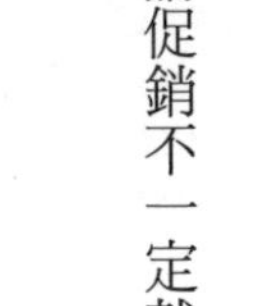

最後的遊樂場

這是難得的酒聚，男人幫，有情場老手阿村、盧克，還有情場奴隸阿茂。我密謀把話題引向女人的需求，自從花花盧克「搶」了小黃女友媚兒，我一直納悶究竟女人是怎麼想的，為什麼會喜歡這個有家室的花花大叔。在我的認知裡，女人是求安定的，而盧克是全世界最不可靠的男人，最高紀錄同時和五個女人交往。為求效率，他曾經一天內在同一個地點、不同時段約會五人。

「只要他們互相不知道對方存在，就可以了。」盧克說。

「紙包不住火！難道你不曾失手嗎？」阿茂不以為然。

「失手，有啦。麻煩一點，哄一下就沒事，有事的就分手。」

阿村雖說和三十幾人交往過，但和盧克不一樣。無論交往時間長短，當下他都全心相待，以「永遠在一起」為前提（不代表要結婚）。女生會喜歡阿村，這我能理解。女生喜歡鞠躬盡瘁死而後已的阿茂，我也能理解。為什麼會有女人喜歡盧克？

「因為我有趣！」盧克肯定地說。

最主要的，大概要數他舌粲蓮花的功力，卻非言詞空泛，盧克愛讀書，學問淵博，說話很有營養。他因為機師的工作見識很廣，話題自然多了。他喜歡運動型機車，曾經單騎遊遍中南半島。偶爾載女伴出遊時高速飛馳，對很多人來說是新體驗。他的生活品味也比一般男人講究，我到過他家，連座機電話也設計新穎，台幣近萬，我問他這東西已經很少用到了，何必花錢，他說這樣好看。他收入豐厚，出入高級餐廳沒問題。可是，他說這些還不是他最有趣的地方。

「比方說，我遠遊前在女友家擺滿鮮花，讓她一開門就看到。」

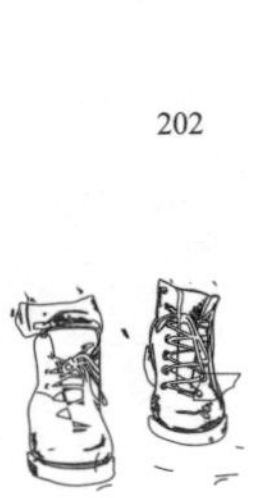

「女友和家人外出旅遊一週，我寫好七封信，手寫的喔，讓她一天拆一封。」

「女友生日時正好獨自在國外出差，我突然飛到和她慶生。」

「無端端送禮，這種驚喜是小兒科，我的可是自己的手作。」

「你會不會在下雨的時候，特地給女友送傘？」

阿村舉手投降。「媽的，沒你的錢，沒你的閒。」

「我還是覺得，全心全意就行了，這些花樣都不踏實。」阿茂說。

盧克呵呵笑說：「一心一意是你的強項。」

我問：「這些都是短暫的啊，女人不是都求長遠安定嗎？」

「是啊，一般上來說。」盧克往椅背一靠，雙手放在後腦勺，說了他的金句，

「我是遊樂場。」

盧克繼續說：「安定很沉悶啊！不管男人女人，都偶爾要去遊樂場，玩玩鬼屋、雲霄飛車。你不可能在遊樂場安定地住下來，你還是得回家，但你需要遊樂場。」

眾男沉默半晌，盧克似乎說對了一些什麼。我最近還聽說一個故事，有個空姐問我朋友：她有兩個追求者，該選富有而自我的，還是平凡但深情的？朋友解釋了一堆，最後空姐才說其實她已婚。至於其他女人出軌的事，聽了不少。

我不喜歡「出軌」這個詞。生命的軌道是誰設定的？難道不是自己？如果這樣，無所謂出軌不出軌，只是在選擇方向。

阿村問盧克：「你到底有過幾個女友呀？」

「絕對不比你少。」

「到底多少？」

「多到會想不起名字。」

我爆笑，想起盧克給我瞄一眼的筆記，裡頭盡是女人名字和資料，大概怕叫錯還是記錯什麼細節。

阿茂問：「我追一個已經累死了，怎麼可能？」

阿村點點頭，望向盧克。

「因為你在追呀，我讓她們追我！」盧克哈哈大笑。

「我看，明明是你在追女生。」我插嘴。

「表面上好像是。但每個人都有弱點，呃，弱點說得不對。」盧克思考了一下，「應該說，都有欲望、有幻想，希望自己更有吸引力，希望更富有，希望被疼愛，希望生活更好。我為每個女人建不同的遊樂場，在裡頭她們看到想要看到的自己。」

「幻覺罷了！」阿村一副嗤之以鼻的樣子。

「人生不就是夢一場？不過，年輕人聽不懂。」

有一個問題我不敢問盧克：他為什麼要這麼做？不敢問，因為弟兄聚會只求吹牛，不會真正談心，談心是很彆扭的。不敢問，因為那動機可能很可鄙，逼盧克挖掘自己最內裡的汙垢，而這些汙垢，很可能也隱藏在這裡每個男人的心裡，可能隱藏在我的心裡，我怕盧克掏出來的，其實是我們的不堪。

「嗯，你中年危機喔！」阿村調侃盧克。

盧克喝一口酒，嘆氣，「也許吧……

「這是我最後的遊樂場。」

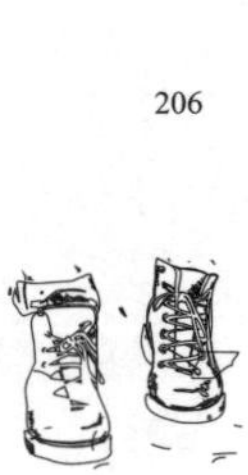

Drama, drama, drama

認了吧，我們都很平凡。

生活很平凡。上班下班，偶爾和朋友吃吃喝喝。大不了去旅行一下，從單調的節奏中跳脫，但兩星期以後又打回原形。我們看小說、看電影，看那些主角不凡的故事，幻想人生不僅止於此。

最容易戲劇化起來的，大概就是愛情了，於是我們在其中尋找出口。我本以為人都在找尋穩定的關係，原來不是，許多人在追求火花，儘管它剎那便消逝，甚至可能把房子燒掉。那危險的刺激、燒痛的感覺，讓人覺得自己——活著。

這完全就解釋了某同學阿彪（假名，真的是假名）為什麼「愛上」了鄰居的印傭，正常的阿蓮喜歡他，他不要，因為這不drama，不夠戲劇化。就好像羅密歐誰都不要，偏偏選中死對頭家族的女兒茱麗葉。

就算貴為查爾斯王子，也會厭倦「平凡」的王子公主套路，棄戴安娜王妃而選擇和印傭差不多的卡蜜拉。戴安娜也是，後來找了個巴基斯坦醫生（呃，算不算外籍移工？）。同理，中國演員馬蓉當初會選上王寶強，不是因為她視覺有問題，而是追求《美女和野獸》般的drama。後來drama沒了，她就外遇再製造新的宋喆drama。

這故事的啟示是，男人長得醜不要緊，搞不好醜還是優勢，更有製造drama的潛能，把女生吸引過來。至於如何drama，電影、連續劇教材很多，請你自修就好。

我們都很平凡。誰能在當中創造不凡的感覺，就算是假象也好，就暫時贏了。

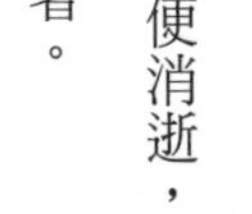

假扮基督徒

我原是佛教徒，說虔誠也不見得，但畢竟成長過程中就是受佛家哲學所熏陶。後來交上基督教女友瑪麗，虔誠的程度直叫我相信她祖先必曾隨十字軍東征，為上帝灑過熱血。

她非常確定自己死後會上天堂，我這個異教徒肯定下地獄，這樣豈不就分隔兩地了？我說我們這邊有西方極樂，說不定和天堂是一樣的；她說一定不同，因為佛祖是印度人。

「那麼上帝是什麼人？」我試探著問。

「外國……喂！當然不是人，上帝是造人造萬物的上帝。」

「那為什麼上帝要造人？」這樣就把她問住了，她馬上谷歌。上帝造人出來敬拜祂，我原是知道的。佛陀則說不要拜他，他只是個指路的老師，所以我很不願意敬拜誰，如此更沒有可能去瑪麗的天堂。

其實我不是什麼好東西，信基督也好佛教也罷，大概都要下地獄的。瑪麗還真的難過起來，積極地企圖改變我的想法，第一步是強迫我去教堂。我無所謂，當觀光，牧師講道，我神遊就好。起初還假裝聽一些，怕下課後瑪麗考我，後來發現原來她大多時候也在神遊。那些故事和道理我或多或少都聽過，認識可能比瑪麗還深，因為我自小對宗教很感興趣，涉獵甚多。到唱聖詩的環節，我就只能敷衍哼一下，內心實在讚頌不了那位一直和我沒什麼來往的上帝。

過後，瑪麗問我感受如何，我完全誠實：「正能量滿滿。」她很滿意。至於這些是否為我真能吸收的能量，就不提了。從古至今，為了你的上帝和我的真主而打過的血戰不知幾何，我沒有必要冒險向瑪麗告解。

「如果我繼續是佛教徒，或者變成無神論者，我們會有未來嗎？」閒聊時我隨意問瑪麗，她沉默半晌。不僅她是「虔誠」基督徒，全家都是。

「沒有未來。」她認真地說。

「那麼，我繼續去教會吧。」

就這樣我「假扮」基督徒，後來大概被全知的上帝發現，促使我們分手。分手也不直接因為宗教相異，而是其他生活上的衝突。

男女大不同，相處已經夠困難了，為什麼還要煩惱佛祖和耶穌怎樣溝通？

結婚？怎麼如此想不開？

每次有人結婚請我去婚宴，我心裡第一個反應就是：「怎麼如此想不開？」這話我當然沒說出口，否則朋友都沒得做，這世界其實並不太想聽真話，就算他暗地裡認同也好（不過現在全世界都知道我在想什麼了）。結婚到底是為了什麼呢？有人說為了組織家庭，有人說是因為認定對方就是至死不渝的對象，通常說這些話的人連待會晚餐去哪吃都舉棋不定，又如何確定眼前人就是終生廝守的伴侶？

其實，結婚只不過是為了level up的升級，就像手機遊戲。比如Candy Crush，你闖了一關，便要去下一關，這樣你會覺得有所「進展」。男女關係也一樣，相識、相約、相知、上床（以上次序可隨意對調）、相處，之後還能怎麼進一步呢？遂有人發明了「結婚」這東西，好讓大家有「下一步」可走。為了假裝結婚是有意義的，就設計一系列看似隆重的儀式，婚紗啦戒指啦接新娘啦宣誓啦，然後勞煩親朋戚友濟濟一堂給錢吃飯看千篇一律的婚照和新郎新娘成長相識影片假裝我們很感動其實最高興是因為酒很多。

搞這麼多動作，就為了level up。我還懷疑結婚是女人發明的，不然怎會有那麼不合理的條約，離婚財產對分？

婚姻沒有一項功能是同居達不到的，若不是法律所約束，要生孩子也沒問題。說到底，婚姻是古時為了穩定社會結構憑空捏造的東西，這東西很適合本性需要安定的女人，從此存留下來。說婚姻是愛情的墳墓，是因為穩定導致怠惰，男人不必再送禮取悅女人了，女人不必再化妝瘦身了，愛情還剩下什麼呢？習慣罷了。

若說婚姻是為了進階，那麼結婚之後的再進階是什麼？不外是生孩子，然後，假設不離婚的話，一起等看誰先死。
也許婚姻不是愛情的墳墓，時間才是。

求婚有病

「拍拖多年，像老夫老妻了。」聚會時凱蒂跟大夥輕聲埋怨：「我只有一個要求，要一次難忘的求婚，至少要有花，要錄影留念。」

某日晚餐，男友訂了中上等級的餐廳，突然掏出戒指單膝下跪。花，忘了。錄影沒安排。眾目睽睽，凱蒂還是得歡欣地答應，不至於要男人長跪不起，反正以後要他跪榴槤的機會多的是。花呢？錄影呢？原來男友記得，但「來不及安排」，叫餐廳經理幫忙也遭拒。算了，反正以後要他跪榴槤的機會多的是。

我調侃凱蒂，「你現在一直控訴，比錄影更難忘了，不是？」

這男人運氣算不錯，做到比最低要求更低，沒立刻當場中槍還能成事，只能感謝凱蒂寬宏大量。我聽過這麼一宗，女人接受求婚後又推翻，因為後來發現朋友的求婚儀式更特別。我幫朋友求過婚，十數車友站在購物中心二樓的空橋上，待主角經過時展開求婚布條，男人就跪地秀戒指。這還玩得不夠大，我還聽過朋友的朋友特地辦一場音樂會，自己突然上台唱歌求婚。

我只覺得求婚儀式變得噁心。我並不反對儀式，自然界中，動物也有求偶的各種本能動作，比方說孔雀開屏。人類進化了，儀式當然繁複些、多變些，理所當然吧，但是求婚的意義已經被扭曲。始作俑者是把儀式無限誇大的電影電視劇，後來方便「分享」和「炫耀」的網路再把女人的需求無限擴大。

求偶本來是孔雀公和孔雀母兩隻孔雀之間的事，你讓孔雀母看韓劇，然後她就會覺得男友開屏和別人一樣，太沒意思，應該要外加一場音樂會，然後找十來個弟兄們一起在台上演唱和開屏，才會「難忘」。你給孔雀母Facebook，她就想要錄影了，說留念只是藉口，我保證以後翻看的可能性極低，目的只是為了發臉書炫耀自

己的開屏求婚有多壯觀。

（後來男人也會想錄影了，自己他媽的投資了那麼多心力和金錢，好歹也要炫耀一下！）

男人在求婚這件事上還是別使盡渾身解數的好，理由有三。第一，你的功夫用完了，婚禮還能怎樣超越？第二，你把水準提得那麼高，其他弟兄怎麼混？第三，就好像在餐廳點了椰漿飯，椰漿飯是肯定會送上桌的，你記得付錢就好，不必送花給服務生。如果能走到求婚這階段，她十之八九會答應。反正會答應……何必花那麼多功夫？

鑽石，不代表永恆的婚姻

鑽石有什麼大不了？我堅信大多數男人對這石頭一丁點感情都沒有。當然，鑽石閃亮亮的很是好看，但好看的東西很多，看星星也很好，而且免費。你送我鑽石我會很高興，但心裡想的是可以賣錢，完全不像女人覺得它象徵永恆——於是男人求婚就非得花大錢不可了，到底這鑽石儀式的鬼念頭是誰灌進女人腦裡的？

上世紀三〇年代，求婚還不流行用鑽戒。掌控鑽石市場的De Beers公司在四〇年代推出了一項非常成功的行銷計劃，「鑽石恆久遠，一顆永留傳」便是其標語，象徵恆久的婚姻。這種甜言蜜語完全對了女人胃口，況且男人本來就懶得想送禮，廣告說這個就這個唄，此後鑽石銷量節節上升，這訊息還從西方傳遍全球，求婚都要送鑽石，於是每個男人終須花一大筆積蓄買一顆注定終生只能收在抽屜裡的石頭。

一些所謂的浪漫，不過是商業行銷創造出來的。不管什麼節日送什麼禮，像情人節送花、送巧克力，都是商家長期為消費者洗腦的結果。真相看透了，原來一點都不浪漫。如果時光能倒流，我會回去毀掉De Beers。如果當年打廣告的不是De Beers，而是一家香蕉公司，那麼現在求婚就是用香蕉，又便宜又有營養。多好！

女人總說要鑽石並非貪慕虛榮，圖的只是個肯定。如果這是真心的說法，那麼求婚用的應該是一份人壽保單，單膝下跪時雙手奉上：「你願意當我的受益人嗎？」保險經紀就在一旁見證簽名。保單不是比鑽石更有誠意？而且更靠得住嗎？首先，這樣不為難男人，因為保費是分期付的，不像買鑽石。此外，鬼都知道世界上沒有所謂永恆，萬一男人有什麼冬瓜豆腐，保險的賠償數額遠超過鑽戒的價碼，男人死掉後女人可以生活無憂，還夠錢自己買好幾顆鑽石。再者，保險通常能儲值，大家都不死的話，未來還有一筆錢以備不時之需。

但時光不能倒流，已形成的傳統是扭轉不得了，現在女人可是保單也要，鑽石也要。鑽石我說嘛並不象徵永恆的婚姻，而是永恆的地獄。它在地底經高溫高壓、熬煉億年而成型，這不是地獄是什麼？

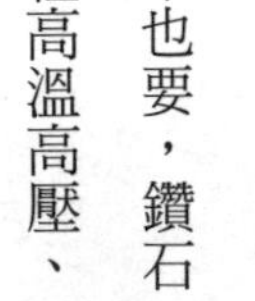

「婆媳問題」其實不存在

婆媳問題其實是不存在的，這只是個男人想像出來的詞。

你把兩個女人放在同一屋簷下，就好像把兩隻鬥魚放進一個瓶子。你從來沒有聽過「公媳問題」、「岳婿問題」嘛，不是嗎？人和鬥魚是不會打架的，鬥魚和鬥魚一定會，你不會說那是「鬥魚問題」，只是自然現象。兩個女人和鬥魚的差別主要是，兩隻都需要講話，而且是對你講話，講很多很多話。你煩不勝煩，認為這就是「婆媳問題」。其實這只是「女人問題」，公司裡女上司女下屬也一樣的。

媳婦嫌婆婆煮的東西太油膩，婆婆嫌媳婦的太清淡。一個要好吃，一個要健康，兩人都沒錯。婆婆嫌媳婦邋遢，媳婦嫌婆婆潔癖，只是兩個人生活習慣不同，也沒誰錯。問題是，很多時候婆婆不會直接對媳婦說，而是對兒子發牢騷；媳婦也不會直接投訴婆婆，而是對丈夫發牢騷。但發牢騷是女人的正常狀態，大的嫌太大、小的嫌太小、好的嫌太貴、貴的嫌太少，你把整座白雪公主的城堡外加白馬王子送她，她還是能找到東西埋怨的：為什麼小矮人是七個不是十個？為什麼只有蘋果沒有葡萄？為什麼魔鏡一直亂講話？為什麼白馬王子不買車？等等等等。婆媳分開的時候，她們發其他事情的牢騷，住在一起的時候，就發對方的牢騷。但她們往往只是要申訴，沒有真的要你解決什麼問題。

作為夾心人的兒子、丈夫，應該慶幸媽媽、太太都只對你碎碎念，而不是大張旗鼓直接開戰。對待婆媳牢騷，你把它當成和其他牢騷一樣，像一陣風。雖說是從垃圾山吹來的風，但是風就是會吹過。雖然風很臭，但這樣的臭和那樣的臭都一樣是臭，是無須分類的。大多時候她們只是要發洩，敷衍敷衍，就過去了。

可是，絕對不變的原則是，一定要尊重媽媽，這是撫養你長大的人。

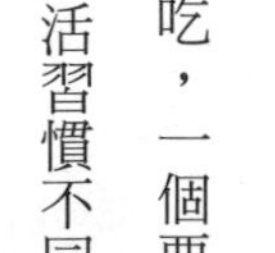

媽媽說媳婦不是的時候，你要支持媽媽。太太說媽媽不是的時候，你要假裝支持太太之餘（為了不要煩死），同時表達自己對媽媽的尊重，幫媽媽說說話，然後適當地轉達太太的困擾，盡量居中調解。太太要確切知道媽媽在你心中的重量，以後才不會得寸進尺，也學會自我調適。否則，若你讓太太覺得媽媽沒有地位，她只會變本加厲，讓你煩不勝煩。

兩個都是疼你的人，不會要你太難做，盡可能好話說盡扮乖兒子、好老公，避免兩人正面衝突。孫子曰：「上兵伐謀，其次伐交，其次伐兵，其下攻城」，你要做有謀略的外交官，因為兩軍開戰，站在中間的人一定死。但如果兩人已經正面開戰了，又該怎麼辦？

這我就沒有辦法囉，只能怪自己沒有一早防範好。多約朋友喝酒能逃就逃，應該可以長命些吧！（雖然你大概比較想死。）

媽媽也是女人

「你那麼會哄女生，怎麼不去哄你媽媽？」這是朋友教訓朋友時，我在旁聽來的名言。

她說，你忘了媽媽也是女人，用在女朋友身上的那套，完全可以用在媽媽身上。口甜舌滑、甜言蜜語，在媽媽耳裡也很中聽的，她可能口頭上說不要亂講，心裡面可高興得很，這種口是心非的樣子不正是女人的標準作業？你對女友獻殷勤，送禮、接送，也用在媽媽身上，她就非常欣慰了。偶爾跟媽媽去約會一下，吃晚

餐、逛逛街。你當女友的全職奴僕，只要記得當媽媽的兼職奴僕，你媽媽大概就是全世界最快樂的媽媽了。

如此，婆媳問題也可能大大減少了。媽媽少些吃醋，因為兒子對自己比以前更好。但很多男人做不到，我也明白，畢竟對媽媽的感情和互動不一樣，套用追女人的招數來哄媽媽，感覺十分彆扭。可是啊對媽媽的愛是必然的，改變自己的做法一些些，哄她開心有何不可？所以我說當兼職奴僕就夠，你如果一百八十度逆轉做全職奴僕，媽媽也會覺得彆扭，甚至會懷疑你腦筋有問題，不然就是你想借錢。

先看看基本清單：

- 你媽媽何時生日？結婚週年紀念在什麼時候？
- 喜歡什麼花？顏色？食物？諸如此類。
- 有什麼興趣？喜歡做什麼事？
- 想去什麼地方旅遊？

你能答得上超過一半大概算孝子了。先把一兩項化為行動，送她一份禮物，帶她去玩，去好好哄一哄媽媽吧！

（如果女友對此有意見，可以分手了。）

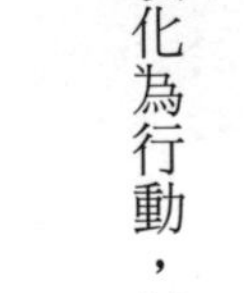

一百二十分

男生問追女人的技巧，那是問錯了問題。你這麼問，等於預設了所有女生都一樣，像機器，按鈕A會給你A反應，按鈕B給你B反應。我只能告訴你，你按某些地方，肯定換來尖叫和巴掌罷了。其他的，都沒有方程式這回事。

也不是說完全沒有可用的技巧，但通常當你急需知道這些事，表示剛有心儀的對象，要惡補已來不及。用錯技巧也許不至於換來巴掌，但對方翻白眼是難免的，把你的分數扣到負一百，要救就很難了。該學的，是心法。

我把它叫做「一二〇心法」。如果滿分是一百，那請你凡事做到一百二十分。比如說對方生日，你的滿分標準是送禮加晚餐，那麼請你送禮晚餐之餘再附加情書和你特別籌辦的派對，大概就達到一百一十分。對，才一一〇罷了。

剩下那十分並不在於你做了什麼，而是在每件事的細節——禮物是她夢寐以求的包包，晚餐是她半年前說過想去的露天西餐廳，情書是寫在衣服上，派對你請來了陳奕迅唱你為她寫的歌。這樣大概就有一百二十分了。重點在於如何超越甚至粉碎她的期待。大多數的女生已經讓韓劇燒壞腦了，你能做出這麼戲劇化的事，分數一定爆表。但是，只做一件一二〇的事沒什麼大不了，要每件事都持續。

要能做到事事一百二十分，只有一個可能：你對她的愛也是百分之一百二十。如果不是，請閃開一邊，不要浪費她的時間，也不要勉強你自己吧。

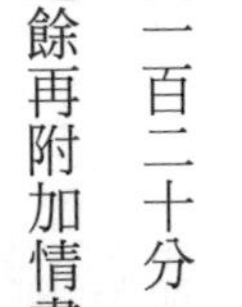

養男如狗

阿毛愛上阿君，使出一百二十分的氣力百般呵護。阿君要去哪裡，阿毛載送；東西壞了，他安排修理。阿君是銀行業務員，阿毛貫徹「有異性沒人性」的宗旨，把所有朋友都拉作阿君的顧客，平常我們要約他喝茶卻是推三推四。後來他攻勢奏效，兩人拍拖了。阿毛的「一二〇」不只是戰略而已，心意也是一二〇，拍拖了還是殷勤不減。但時間一久，問題來了。

有一次幾個老同學相約在購物中心聚餐，見到他倆時，阿毛兩手提著六七個袋子，肩上掛著女裝包包，跟在兩手空空健步如飛的阿君後頭。吃飯時，阿毛斟茶遞水，阿君半句謝謝也沒有。女同學自是滿心羨慕，我則看到阿毛的疲態。

阿君嘛習慣了阿毛的單方面無限度海量付出，像個被寵壞的孩子，天天只會張嘴等人餵。把阿毛當奴僕本來沒關係，反正他心甘情願，但男人像iPhone，電力有限，你不定期充電一下，很快就死掉。阿毛後來愈來愈少約阿君，喝多兩杯以後跟我們說，阿君什麼都覺得理所當然，讓他覺得好累。沒多久，分手了。

阿君撿到好男人，卻不懂得怎麼「保養」他。其實男人腦筋很簡單的，你當養狗就對了。你怎麼訓練狗狗sit、come、jump？最最重要的只是做對動作以後，餵牠一塊狗餅乾。對男人，你只要嗲兩句甜言蜜語，久久一次為他做頓飯還是什麼小心意，讓他知道所做的一切都有打動你，一切值得，那就行啦！

狗狗訓練有素以後，連狗餅乾都不用。你只要摸摸牠的頭說good boy，牠就搖尾巴了。男人久而久之知道你有接收到他的心意，你只要一個微笑、一句謝謝，那小小的iPhone電池便充滿電力了。

分手以後，阿君倒過來追阿毛。太遲了，她已經錯失良犬。

三十八歲的女人

我少時都以為女生只活到二十九歲，三十以後的是媽媽們，四十就是阿婆，五十是人瑞。少男欣賞的對象都是年齡相若、青春無敵的女生，為什麼徐若瑄、S.H.E三十了還拚命扮十八就是這個理，擴大市場老少咸宜大小通吃。女人老控訴許多男人長不大，一直到七老八十還盯著十八廿二的女人，以致所謂熟女嚴重滯銷，化妝業服裝業蒸蒸日上。

年歲漸長後才發覺那不對，女人要過了三十才有韻味。青春未必無敵，更多的是無知，男人喜歡看年輕女人，不過是生理使然，未必是喜歡相處的對象，許多時候是話不投機半句多。人總要稍有閱歷，才能成熟，年輕女人往往是生澀的水果，好看不好吃。總得再發酵幾年，三十八左右，才成為香醇的美酒。這樣的女人談吐得宜，秀外慧中，叫人如沐春風。

我知道這麼說有點沙豬，但肯定誠實。然而豈止男人如此看女人，女人也是這樣。男人三十以前都是荷爾蒙激飆的大小孩，肌肉發達頭腦簡單，自信不足，缺乏自制。總得經過生活和歲月的歷練，才能從男孩變成男人，才學會為身邊的女人設想，才懂得關懷疼惜。小樹中看不中用，老樹盤根才靠得住。

有的女人三十以後找不到對象，絕對不只是姿色的問題，是內容。這時候投資再多的美容護膚品，都不可能和青春少艾競爭的，不如多讀書多閱歷，培養自己成為全面完美的女人。其時，那種魅力絕對不是小妹妹比得上的。

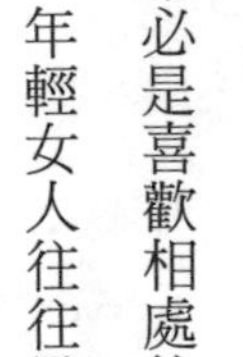

剩女之所以剩

我在〈三十八歲的女人〉中說愈成熟的女人愈有魅力，外在不那麼重要了，如果沒對象那是因為內涵不足。茱迪讀了來推翻我。「難道我沒內涵嗎？」

哎呀寫那篇文章的時候，沒想到茱迪。她還算滿漂亮的（以前），現在也不錯（真的，我真的很有禮貌），肯定豐富的是內涵，比起許多同齡男女，她學識、見識都淵博得多，談吐得宜，的確是很有魅力的女人。

我語塞，要怎麼解釋茱迪這等級的魅力女人變成剩女的現象呢？她的解釋最好：因為男人都不長進。

到了她這個層次，看男人只剩兩種：不敢追她的，和她不敢讓追的。不敢追她的，又有兩種：事業、收入不如她的，還有學識、修養不如她的，兩者皆不如的更多。她當然也不敢讓這兩種男人追她——她試過放低身段，試著約會低級男，後來作嘔，只好放棄。那些兩者皆強的男人，又往往在變強以前、品味提升之前，結婚去了。

我整天發男人牢騷，其實做女人更難。當「俗女」，就只能找到俗男級的男人。努力升格為聖女，卻發現世界上只剩俗男級的男人。那些少數鑽石級的，雖說懂得欣賞聖女，但還是貪圖方便易哄的俗女。那要怎麼把茱迪銷出去呢？剩者渣也，最後恐怕要清掉，太可惜。我們探討了一下。

首先，低級男不考慮，瞄準鑽石級。討論出來的一套辦法是，聖女還要重新向俗女學習，加強外在裝扮提升視覺效果，要知道不管什麼等級的男人都是視覺的奴隸，這樣先讓魚有興趣游過來。然後，去有大魚的地方，多參加有點水平的社交活動，諸如品酒會、藝術表演等等。身段要放低，雖不至於扮無知，但也不要隨便談

起四大名著、村上春樹，待看清楚男人有點墨水，才逐漸表現自己。說到最後，還是覺得女人太委屈。

後來和茱迪失聯一段日子，她有沒有照那方案行事，不知道。再輾轉聽到她的消息時，已完全解決了找不到好男人的問題——她找女人去了。

有沒有所謂「對的人」？

有，一定有，我打包票，必然有和你個性百分之百契合，完全擁有你夢想中所有特質的完美對象。而且不只一個。

道理很簡單，像物理學家霍金所說，宇宙那麼大，按機率來推測就知道必然有外星人。全球七十億人口如果沒有一個能和你完美配對，恐怕你才是怪獸。

問題是，這些百分百對的人，一個可能在非洲，一個在歐洲，一個在蒙古大草原中間的某個帳篷。你的壯年期當有三十年吧，怎樣在茫茫人海中遇見他們呢？就算遇見了，難保不是擦肩而過。就算結識了，也未必互相追求。更關鍵的是，人會變。這時候的你和這時候的他，因為各自的種種前因，是最合拍的，但一旦錯過了這個時機，又未必了。

你要為這百分百對的人苦尋三十年嗎？比較實際的做法大概是找百分之七十對的人，這樣選擇就很多了。然後，兩人相處，互相調適，從百分之七十做到百分之八十，從百分之八十做到百分之九十。

人，會變。就算讓你找著那百分百對的人，那是在這個時候百分百，一年過去兩年過去，你們各自都會改變，這百分百只有下降，絕沒有可能提升。兩人的關係和相處，還是必須時時刻刻經營，沒有例外。一百下到九十，九十又調升一百，如此才能長長久久。這樣的努力是很甜蜜的回憶，隨時提升到一百二十也未可知呢！

比較難搞的是，你和百分之七十的對象做到百分之八十了，突然出現那百分百的人。這真沒辦法說什麼了，老天就喜歡整人。這就是考驗吧，自己的幸福還是得自己判斷、追求。你放開的那個人，也許也有個更美好的對象在等著他。

國家圖書館預行編目資料

男人這東西／周若鵬著. --初版. --臺北市：
寶瓶文化, 2017.11,
面； 公分. --(Vision；152)
ISBN 978-986-406-104-4(平裝)
1.兩性關係 2.生活指導

544.7 106018784

Vision 152

男人這東西

作者／周若鵬

發行人／張寶琴
社長兼總編輯／朱亞君
副總編輯／張純玲
資深編輯／丁慧瑋
編輯／林婕伃・周美珊
美術主編／林慧雯
校對／丁慧瑋・陳佩伶・劉素芬・周若鵬
業務經理／李婉婷 企劃專員／林歆婕
財務主任／歐素琪 業務專員／林裕翔
出版者／寶瓶文化事業股份有限公司
地址／台北市110信義區基隆路一段180號8樓
電話／(02)27494988 傳真／(02)27495072
郵政劃撥／19446403 寶瓶文化事業股份有限公司
印刷廠／世和印製企業有限公司
總經銷／大和書報圖書股份有限公司 電話／(02)89902588
地址／新北市五股工業區五工五路2號 傳真／(02)22997900
E-mail／aquarius@udngroup.com

著作完成日期／二〇一七年九月
初版一刷日期／二〇一七年十一月
初版二刷+日期／二〇一七年十一月二十三日
ISBN／978-986-406-104-4
定價／三〇〇元

AQUARIUS 寶瓶文化事業

愛書人卡

感謝您熱心的為我們填寫，
對您的意見，我們會認真的加以參考，
希望寶瓶文化推出的每一本書，都能得到您的肯定與永遠的支持。

系列：Vision 152 **書名：男人這東西**

1.姓名：＿＿＿＿＿＿＿＿ 性別：□男 □女

2.生日：＿＿年 ＿＿月＿＿日

3.教育程度：□大學以上 □大學 □專科 □高中、高職 □高中職以下

4.職業：＿＿＿＿＿＿＿

5.聯絡地址：＿＿＿＿＿＿＿＿＿＿＿＿＿＿＿＿＿＿＿＿

聯絡電話：＿＿＿＿＿＿＿＿ 手機：＿＿＿＿＿＿＿＿

6.E-mail信箱：＿＿＿＿＿＿＿＿＿＿＿＿＿＿

□同意 □不同意 免費獲得寶瓶文化叢書訊息

7.購買日期：＿＿ 年 ＿＿ 月 ＿＿日

8.您得知本書的管道：□報紙／雜誌 □電視／電台 □親友介紹 □逛書店 □網路 □傳單／海報 □廣告 □其他

9.您在哪裡買到本書：□書店，店名＿＿＿＿＿ □劃撥 □現場活動 □贈書

□網路購書，網站名稱：＿＿＿＿＿＿＿ □其他＿＿＿＿＿＿

10.對本書的建議：（請填代號 1.滿意 2.尚可 3.再改進，請提供意見）

內容：＿＿＿＿＿＿＿＿＿＿＿＿

封面：＿＿＿＿＿＿＿＿＿＿＿＿

編排：＿＿＿＿＿＿＿＿＿＿＿＿

其他：＿＿＿＿＿＿＿＿＿＿＿＿

綜合意見：＿＿＿＿＿＿＿＿＿＿＿＿＿＿＿＿＿＿＿＿＿＿＿＿

11.希望我們未來出版哪一類的書籍：＿＿＿＿＿＿＿＿＿＿＿＿＿＿

讓文字與書寫的聲音大鳴大放

寶瓶文化事業股份有限公司

（請沿此虛線剪下）

廣　告　回　函
北區郵政管理局登記
證北台字15345號
免貼郵票

寶瓶文化事業股份有限公司　收

110台北市信義區基隆路一段180號8樓
8F,180 KEELUNG RD.,SEC.1,
TAIPEI.(110)TAIWAN R.O.C.

（請沿虛線對折後寄回，或傳真至02-27495072。謝謝）